国家出版基金项目
NATIONAL PUBLICATION FOUNDATION

中國法律之批判

蔡樞衡◎著

山西出版傳媒集團
山西人民出版社

圖書在版編目(CIP)數據

中國法律之批判 / 蔡樞衡著. —太原: 山西人民出版社, 2014.12
(近代名家散佚學術著作叢刊 / 許嘉璐主編)
ISBN 978-7-203-08863-9

Ⅰ. ①中… Ⅱ. ①蔡… Ⅲ. ①律—研究—中國—民國 Ⅳ. ①D929.6

中國版本圖書館 CIP 數據核字(2014)第 289763 號

中國法律之批判

主　　編　許嘉璐
著　　者　蔡樞衡
責任編輯　張文穎

出 版 者　山西出版傳媒集團·山西人民出版社
地　　址　太原市建設南路 21 號
郵　　編　030012
發行營銷　0351-4922220　4955996　4956039
　　　　　0351-4922127(傳真)　4956038(郵購)
E-mail　sxskcb@163.com　發行部
　　　　　sxskcb@126.com　總編室
網　　址　www.sxskcb.com

經 銷 者　山西出版傳媒集團·山西人民出版社
承 印 廠　山西出版傳媒集團·山西人民印刷有限責任公司

開　　本　700mm×970mm　1/16
印　　張　7
字　　數　73千字
印　　數　1—3000冊
版　　次　2014年12月　第1版
印　　次　2014年12月　第1次印刷
書　　號　ISBN 978-7-203-08863-9
定　　價　15.00圓

《近代名家散佚學術著作叢刊》編委會

出版説明

近代名家散佚學術著作叢刊選取一九四九年以後未再刊行之近代名家學術著作共一百二十册，編例如次：

一、本叢書遴選之著作在相關學術領域具有一定的代表性，在學術研究方向、方法上獨具特色。

二、爲避免重新排印時出錯，本叢書原本原貌影印出版。影印之底本皆經專家組審定，原書字體大小、排版格式均未做大的改變，原書之序言、附注皆予保留。

三、本叢書分爲八大類，以作者生卒年編次。

四、爲使叢書體例一致，本叢書前言後記均采用繁體字排版。

五、個别頁碼較少的版本，爲方便裝幀和閱讀，進行了合訂。

六、少數學術著作原書内容有個别破損之處，編者以不改變版本内容爲前提，部分進行修補，難以修復之處保留缺損原狀。

七、原版書中個别錯訛之處，皆照原樣影印，未做修改。

八、所選版本之抽印本頁碼標注，起始至所終頁碼均照原樣影印，未重新編排標注新頁碼。

由於叢書規模較大，不足之處，殷切期待方家指正。

總序／披沙瀝金，以爲鏡鑒

◇許嘉璐

多年來有一個問題始終在我腦中盤桓：爲什麽在十九世紀末到二十世紀初，在短短的幾十年裏，中國的各個學術領域竟涌現了那麽多大師級的人物？這是中國近代史上一個極爲重要的現象，我認爲，如果不能給出令人滿意的答案，我們撰寫的近代學術史將是不完整的，甚至是缺乏靈魂的。後來我知道，著名人類學家克羅伯曾提出過一個問題：爲什麽天才成群地來？看來這種現象的出現並非中國所獨有，思考其所以然的也大有人在。而在那一次世紀之交中國的情況，似乎應驗了「天才成群地來」這個令克氏久久不解的疑問。錢學森先生曾從相反的方向提出了相同的疑問：爲什麽我們這個時代出現不了杰出人才？後來人們稱這個問題爲「錢學森之謎」。

要回答這些疑問不是件容易的事。與其迅速地囫圇地探尋，不如先多了解那些讓中國近代學術（應該包括人文科學和自然科學）史上閃耀着光輝的大師們的作品和自述，從而在腦海里盡量「復原」他們所處的環境和在那種環境下的心理路徑，從中或許可以得到一些啓示。

有一點是顯然的，這就是他們雖然都已遠離塵世而去，但是他們獨立思考的品性、求知治學的真誠、困厄窮愁中對節操的堅守，恐怕是他們共同的主觀因素，一直影響到現在，而且將會永遠留存下去。

就思想界、學術界而言，二十世紀上半葉是一個新説和舊説碰撞，中學和西學融匯的大時代。那時的學人極爲重視言行操守，同時具備現代知識分子的理想信念；他們的學術研究十分純净，絶少功利因素；他們的視界開闊，以包容的心態和嚴謹的風格造就了成果的大氣與厚重。至於在客觀因素一面，他們實際是在用工業化時代的事實解説着太史公所説的名山之作「大抵聖賢發憤之所爲作」，困厄苦難使得他們「皆意有所鬱結」。這種鬱結，幾乎和個人的名利毫無牽涉，他們永遠不能釋懷的，是民族的存亡、國運的興衰、民衆的福禍和文脈的續斷。

那個時代也是近代歷史上最大規模的中西古今學術調適、創新的時期，學術方法上的交互滲透和融合、創新亦可謂「於斯爲盛」。斯時之學人是要在封閉的屋墻上鑿出窗子的勇士，是使人能够看看外部世界的第一批導夫先路者，或者可以説，他們是在「意有所鬱結」時「彷徨」和「吶喊」的「狂人」。

相對於那時的哲人們，後來者是幸運兒。現在的形勢是，近三十年來學界空前繁榮，衆多學科有了長足之進，其中很重要的一點是學界有了更新穎、更廣闊的國際視野，似乎接續上了百年前的學壇盛事。但細想想，「古」與「今」還是有差别的。其异，主要不在於世界情勢、學術進展、工具改善這些客觀存在，而在於在廣泛吸收各國優長的同時，自身文化的主體性越來越受到重視，换言之，「拿來主義」已經延長了「拿來」的程序，加上了試用、甄别、篩選、吸收、融合、成長。就我孤陋所見，在當今地球上，面向所有異質文明，努力汲取我之所缺，其範圍之大和心態之切，似乎無出中國之右者。從這個角度説，我們已經超越了前輩。但是事情還有另外一面，學術，特别是人文學科，其職業化、「沙龍化」和功利性，以及隨之而來的浮躁病却嚴重了。從這個角度説，是不是我們已經後退得够可以的了？而這是不是我們這個時代出不了大師的原因之一呢？

民國學術界的特點之一是極爲注重對傳統的反省、批判與繼承。他們對傳統文化盡最大的努力進行整理和研究。一方面，由於戰亂頻仍，民不聊生，學者們擔起了讓中華文化薪火相傳的歷史責任；另一方面，他們要通過對中國傳統文化的整理，挖掘來重振民族自信心。這一時期對傳統文化進行整理的全面而深入是前所未有的，舉凡文字學、語言學、經濟學、法學、哲學、政治制度、書法繪畫、金石學……規模之宏大，研究之精微，令人嘆爲觀止。

民國學術推動了現代學科體系的建立。在對傳統文化整理和研究的基礎上，吸收西方的文化思想和理念，推動和建立了中國現代學科體系。例如，在對語言文字和音韵學成果進行整理、研究的基礎上開始着手規範之，建立了國語學；深入研究書法、國畫，將其融入了現代美術學科；在廢除舊有學制後逐步建立起小、中、大學較完整的科目和學科體系。

民國學術也改變了傳統學術方式，建立了新的研究範式。以現代科學考古爲發端，科研的實踐和成果使中國知識界真正認識到在實驗、比較基礎上的邏輯分析對學術研究的重要，推進了中國學術的一大演變。至於我們常説的打破士大夫傳統，走出書齋到田野鄉村和市民中進行調查研究，結束了經學時代，以歷史眼光檢視儒學和諸子等等，都是確立新學術範式的努力。這一轉變，也標誌着中國學術界脱胎换骨，全面進入了現代，爲此後的學術發展奠定了堅實的基礎。當然，西方啓蒙運動以來，在「現代性」和「現代化」裏潛伏着的缺陷和謬誤也傳到了中國，這些不能不在前哲的著作裏留下痕迹。這並不奇怪。類似的情況，古往今來孰能免之？猶如今天的我們，誰敢自稱我之所見就是永恒的真理？在這個問題上兩個時代所異者，或許就在昔時大家創立新説或譯註西學著作，往往是懷着對學術和前哲的敬畏而爲之，故而常常誤不在我；當今則往往出於對學問和他人的輕蔑，或以所研究的對象爲謀己的工具，因而難辭主觀之咎吧。翻閲他們的心血之作，這些復雜的狀況可以顯見，可以視之爲我們的一面鏡子。

滄海桑田，世事變幻，歷史的動盪和時代的遮蔽，使當年許多大師的一些極有價值的學術著作被棄於故紙堆中，不能不令人有遺珠之憾。爲此，山西人民出版社不惜以數年之艱辛，披沙瀝金，編輯出版這套近代名家散佚學術著作叢刊，凡一百二十册，計文學、史學、政治與法律、美學與文藝理論、民族風俗、宗教與哲學、經濟、語言文獻共八大類別。所選皆爲作者之純學術著作，無論是其見解、精神，抑或是其時代烙印，都是後輩學人可資借鑒的寶貴財富。他們出版這套叢書，意在讓世人不忘來程，知篳路藍縷之不易，爲民族文化的傳承再增薪木。

出版社的初衷，與我近年來所思所慮近似，故願略述淺見於書端，以與策劃者、編輯者和讀者共勉。

二〇一四年七月六日

改定於自安東回京途中

前言

◇王繼軍

一切歷史都是當代史，人類歷史具有延續性，現實之中包含着歷史的因素，割不斷的傳統深刻地影響着當代社會；歷史可以從當代的角度去發現和解讀，當代所面臨的現實問題，促使我們去追尋它形成的根源，去叩問前人的智慧，以資借鑒。在平静緩慢、綿延不絶的歷史長河中，總有那麽一些波瀾壯闊、起伏跌宕的時期，它們所孕育的巨大轉折價值和意義深深地影響着後來者。近代中國社會經歷了亘古未有的大變革。就經濟而言，傳統的自然經濟結構受到衝擊，資本主義因素的工商業在經濟體係中佔據越來越重要的地位；在政治上，帝制衰敗，共和肇興；在法律方面，傳統的法律典章再也不能够適應富强、民主、自由、科學的社會需要，西法東漸，勢不可擋；在文化和學術上，東西文化的碰撞、交流與融合，使得發現新資料、運用新方法、創造新範式、提出新思想成爲可能。中國近百年的歷史可以説是一個從傳統社會轉向現代社會的歷史。

開放的思想是人類理性挑戰愚昧的鋭器，自由的學術是世界邁向理想社會的階梯。一代學人以他們廣博的學識、獨立的品格、創造的思維、勤奮的勞動，推出燦若繁星而又堅實厚重的學術成果，爲時代提供智慧的啓迪和思想的指引，以一種獨特的方式積極參與到社會變革的偉大歷史進程來。學術的力量是長久和巨大的，學者的貢獻是不應該被忘記的。

本叢刊政治與法律部分，輯録了于佑虞、聞亦博、曾松友、宋希庠、楊德森、常乃悳、瞿同祖、王振先、熊理、朱章寶、蔡樞衡、趙鳳喈、陳顧遠、郭箴一等名家散佚的論著，其中涉及社會形態、政治制度的歷史與學説、中國古代的倉儲、糧政、勸農、海關、婚姻等制度、婦女問題以及中國法律之精神與法律現象變遷等諸多方面的重要論題。這些論著具有資料豐富、考證翔實和「思他人所未思，言他人之未言」的共同特徵，又在方法、結構、風格方面展現出揺曳多姿的形態。有的長於叙事，爬梳整理，去僞存真，娓娓道來；有的善於思辨，歸納演繹，比較剖析，鞭辟入裏；有的體大思精，在宏大的架構中闡説精妙的見解；有的以小見大，於細微處見精神。這些論著無疑成爲中國學術史上的瑰寶。

閲讀是一種交流，研習先輩學人的著作，就仿佛與杰出的心靈展開了一場穿越時空的對話；閲讀是一種沉思，浸潤於那些深邃的思想裏，使我們得以忘却外部的喧囂與繁華；閲讀是一種旅行，我們汲取歷史的滋養，再向更遠處出發。

是爲序。

作者簡介

蔡樞衡（一九〇四年—一九八三年），江西省永修縣人，中國當代刑法學家。早年留學日本，回國後，任北京大學、西南聯合大學等校教授。其畢生致力于刑法的教學和研究，著有刑法學、刑事訴訟法教程、中國法律之批判、中國法理自覺的發展、中國刑法史等書。

目次

寫在前面

這是毫無疑問的：抗戰勝利後的中國是獨立自主的民族國家。可是，問題也就存在這裏發生了。因爲接着要問的是：這明日中國一切的一切是復古？還是開新？

鴉片戰爭以前，四千年來的中華民族是獨立自主的——漢族和非漢族間統治權的代謝，並不影響中華民族的獨立自主性——。從這點說，明日的中國是復古。可是，抗戰勝利，一切建設完成後的中國是二十世紀的現代國家。從這裏說，明日的中國是開新。綜合說來，明日中國一切的一切是開新中的復古，也是復古中的開新。換句話說，這明日中國一切的一切是從所謂「固有」的和「外來」的二者批判中建設出來的。

「闡發中國固有文化」。這是早就被某些人士提出來了的問題或要求。可是這個問題客觀的性質似乎是評判，而不是所謂「闡發」。雖然「闡發」和「批判」同樣可以找出歷史中的民族性，增強民族自我的意識。然而望文生義，闡發似乎不如念有選擇性和進步性的批判，比較容易發現眞理，更能助長文化，幫助建設。

假使用客觀的態度來觀察目前中國文化界的動向，卽刻可以發現一種不平衡。這就是儘管一面有很多達人名士高唱闡發中國固有文化的口號，同時卻很少聽見人說「外來」的也有批判或提煉的必要。這大概是因爲已經意識或無意識肯定了「外來」的一切和日本軍隊敗退同時絕跡於中國的緣故吧！可是，只要所謂「舊瓶裝新酒」和「中學爲體，西學爲用」的主張不是眞理，這種主觀的武斷就不能不算是重大的錯誤。

新中國的建設，現實一切「外來物」，或「洋貨」的批判都也是必要的；否則，建國大業便失掉了出發點。歷史告訴我們：四十年來，制度上的諸般「洋貨」大半是用實現中國自己理想的形式輸入中國的。事實卻告訴我們：因爲近百年來殖民地性的民族身分——不平等的國際關係在作祟，使我們的理想和現實始終不相同；理想的實踐也和理想自身不相符。因此，除了批判固有文化之外，理想自身的批判，把理想作標準的現實檢討，「外來的」和「固有的」二者的有機結合，都是抗戰建國過程提供給人們的歷史課題，也是今日的文化人應有的使命。

在法律和法學的領域，這使命的實踐自然是立法、司法、法治和法學諸問題的探討。抗戰建國的現實也已經促使法學人士注意到立法，司法和法治問題。不過，視線的焦點和立場局限於制度的批評和建議，以及制度和現實不符合的指摘。大體說來，本質上都是政治問題或從政治政策出發的探討。從這點看，法學問題的研究可以說還是空白了的所在。再從另一面看，理想和現實不符的原因，理想之實踐而不徹底，和不能徹底的原因之科學的探求，「外來的」和「固有的」二者之有機的結合等等也多被忽略了。

「中國法律之批判」這本小册是二十九年春假中用很短的時間寫成的。不僅問題的解答全憑著者個人一已之見，絕少可供參考的材料，連問題提出的方式也是出於著者個人閉門造車式的杜撰。兼之，時間很不充分，理論過程不嚴密和說明不充分的毛病，當然在所難免。直率說來，在著者主觀上，這篇文章的內容只是一種旣沒有成熟而又不完全的認識。拿來問世，實在有點近於荒唐。不過，若從塡補法律及法學方面的探討目前現實所表現的缺點看，這篇文章付刊也許不是毫無意義的。

附錄六篇都是和中國法律及法學有關係的文章。不過，因爲處理問題的觀點和技術微有不同，自己當作概念而活動的積極性有時也比較充分些。驟然看來，很容易被認爲互相矛盾，而實在是互相發明，互相補充的。

這本書中的若干點，曾承賀麟和張佛泉二位教授有所啓示，因此獲得了補充和修正的機會。特在這裏鄭重對張、賀二位先生道謝。全稿的抄寫是煩國立西南聯合大學法律學系教員徐長齡君費神的。就此一併致謝。

二十九年九月著者於昆明北京大學教授宿舍

第一 法哲學及法史學上的二大問題

三十年來的中國法和中國法的歷史脫了節；和中國社會的現實也不適合。這是若干法學人士所最感煩悶的所在，也是中國法史學和法哲學上待決的懸案。

在法學言論式微的昆明論壇上，年來圍繞這個問題的意見，雖可舉出羅文幹教授的西洋法律之輸入（二十八年一月二十九日昆明益世報星期論文），作者的西洋法律的輸入（今日評論一卷十期），陸季蕃教授的法律之中國本位化（今日評論二卷二十五期）等三篇，也只有這三篇。至於羅文幹教授的說風氣（二十八年三月十九日雲南日報星期論文）作者的舊道德與新法律之矛盾及其歸宿（二十八年四月二日雲南日報星期論文），又人治禮治與法治（二十八年七月九日雲南日報星期論文）前途有望的法學青年朱正君的對中國法學的希望（今日評論三卷四期），和賀祖斌君的民生史觀法學理論之體系的商榷（青年公論第六期）等五篇，要說是有關係的文章，也可認為有關係。

這種現象所給予我們的感想，第一是數量太少。若再把內容加以檢討，結果是：羅教授的西洋法律之輸入是一篇純粹站在常識觀點敘述事實的文章，自己並沒有說多少話。說風氣和這問題有關係的地方是主張法律道德合一的見解。作者的西洋法律的輸入中勉強算是說明了：(一)中國舊律的精神不是中國獨有的；(二)中國的新法律也不應該是西洋獨有的；(三)中國由舊律變爲新法律是必然的，和(四)中國的新法律已經成了中國的法律等四句話。舊道德與新法律之矛盾及其歸宿中簡單的指出了舊道德和新法律二相背反；道德爲法律所決定；和殖民地身分障礙着新法律改造舊道德三點。人治禮治與法治中指出了人治禮治均爲法治所克服，高調法治之一元性。陸教授的文章大體上和作者有共同的地方，也是站在另一立場的呼聲。他並且指出了：「我們應當使新舊法混然一體，造成化合狀態，不能分解，完全成爲新中國自己的法律」。朱、賀二君都是企圖或要求建設新法學，實在是時代應有的反映。雖然文章中顯示着：自己所提出的問題並不是自己所能解決，呈現能力和企求間不調和的不自然現象，假使知道他們還只是大學在學的青年（當時二君都在西南聯合大學法律系肄業），也許看見他能提出這類問題就會感到某種滿足。不過，就事論事，總括看來，上述二個歷史課題，這八篇文章雖或從正面提出和解答，或從側面保持着某種關聯，對於問題的總解答不單是量不夠多，連我的文章在內，縱使不認爲質不夠深，祇少也是理論過程談不到嚴密，並且問題和答覆的輪廓也都不完全。

問題大得可怕，而討論的量小質微又足驚人。這不能不說是一種矛盾現象。不過現象雖然矛盾，事實卻是必然的。中國討論變法和實行變法，都遠在三十年前。三十年前的中國和三十年來的中國雖然大不相同，但仍不妨認爲沒有質的變化。因此法律和社會不適合的具體情形，今昔雖然不同，在不適合這一點上，今昔都成問題則一。換句話說，現在也祇是覺得不合適，當時便已看出了不合適。至於和歷史不聯接或脫節的問題也是從討論變法的時候，客觀上卽已存在的問題。討論變法和實行變法當時，沈家本派和反沈家本派的對立，便是把不適合問題作出發點產生出來的二大陣營。中國當時接受西洋近代的和現代的新法律，算是反沈家本派的國情論失敗的表現，也是沈家本派的政策論勝利的記錄。三十年來的中國法律，法學和法學人士，大體上都是這種勝利記錄的繼承和擁護者。只要後起的反沈派人士提不出新理由，在大多數法學人士眼光中，法律和歷史不聯接，和社會不適合，只是二個不成問題的問題。所以問題雖大，討論會少。

法律和社會不適合，和歷史不聯接。這二問題一面雖被多數人給取消了。同時法律和歷史不聯接的認識卻又早給若干史料家在不知不覺中鑄成了鐵案。在法制史料家眼光中，三十年來的法律和三十年前的法律脫了節。他們的看法很是稀奇。他們不說新法和舊律在形式和內容上都沒有關聯可尋，因此認爲脫了節；他們常常舍近圖遠，去從以前的法律道德合一，現在的法律道德分立，西洋勢力的侵入等等肯定新法和舊律聯不起來。這種看法，除法制史的著作外，並且還有相當廣大的社會勢力——這勢力形成的原因和認爲脫節的法制史書籍的中毒有無因果關係，暫且不提。假使有人能把三十年來站在這個立場及反對新法或批評新法的言論收集無遺，相信必有相當數量。也許因爲肯定有聯接的法制史著作一本沒有，指出不適合原因之所在的文章一篇沒有，遂致凡遇有人豎起由肯定不適合不聯接進而懷疑新法的旗幟，立刻就會有意料之外的多數人來幫助喊吶助勢。

不適合和不聯接，理論上是一個問題之二面，應合而不可分。事實上卻給二種見解不同的人各作一面的答案。假使我們把三十年來和沈家本派的意見大體相同的一羣叫作沈派；相反的一羣叫作反沈派。那麽，這個問題不可分的二面，顯然給沈派和反沈派生硬分割，各作一面的工夫，各保一面的勝利。這自問題本身看，固然使人哭笑不得。自沈派和反沈派的觀點看，也是二派各自不可救藥的致命傷。問題的眞正解答需要站在第三個立場。第三立場解答問題之成功，同時也是沈派和反沈派二者的揚棄。若說沈派和反沈派各自抓住問題之一面而放棄一面，本質上是各自內在矛盾之必然表現，則我們對於沈派和反沈派之認識和批判實爲正確解答問題之先決條件。

第二　沈家本派及其反對派批判

事實告訴我們：沈派取消了新法和社會不適合這問題；反沈派卻肯定了新法和法律史不聯接是反映客觀現實的眞理。問題的取消決不是問題的解答。反沈派肯定不聯接是眞理，究比單純取消問題的辦法高明一籌。適合不適合是事實問題。聯接不聯接是事實問題，也是理論問題。理論可以歪曲，並且可用常識來代替。純粹的事實卻無法變更。因此，反沈派的處境顯然較沈派有利。沈派取消問題的態度，完全是意識或無意識把新法律是現行有效的法律一點作唯一靠山的表現，也就是所謂以力服人者。不適合的事實擺在面前，尤其是在無條件高調經驗之眞理性的中年以上的長老，不易漠視事實，因而容易成爲反沈派的健者。另一面，沈派對於脫節的看法雖期期以爲不可，而說不出理由。兼之，中國法制史領域還是一片未曾調查測量的礦山或新大陸。不知不覺竟有人自其中來，言之成理，一般人自然免不了沒有判斷的標準，結果只有因宣傳中毒而動搖或投降。所以整個說來，沈派的人數雖多，事勢卻十分不利。

來勢雖不利於沈派，數十年來的立法政策不問在積極方面或消極方面，都是一貫的支持沈派的立場。反沈派的見解始終不得意於立法政策。國府定都南京後尤甚於北政府時代。數十年來，和沈家本同時的董康氏，遇有機會，卽便站在反沈派的立場作主張。然而絲毫不曾發生作用。新刑法修訂的時候，羅文幹教授曾在部長地位主張恢復流刑。也沒曾實現。就是沈家本時代反沈派碩果僅存的戰利品——在刑法方面表現容納反沈派見解的暫行章程，及其以後的暫行條例，也在這時候失了足。在積極方面，各種法規制定和修訂的指導原理都是很新穎的思想和學說的結晶。這從立法院前任胡院長和現任孫院長迭次關於新法規的立法主義和精神的說明中，或各法訂定的原則和修正的旨趣書中，都可以看出來。沈派關於各法規的解釋適用，只要抓住了立法旨趣，立法例和解釋的學說，就很可以對付。雖然十之八九的法學著作都顯示着法和社會，法和哲學的脫節，法學的科學性之不顯明，充其量祇算成功了政治或立法政策的法律學，遺棄了法學的哲學性和社會科學性；但在對付反沈派的觀點是足夠了的。不過，若要追根溯源，想把握變法政策或立法政策立定的本質，那便不能不承認是中華民族在國際政治上——尤其是經濟上喪失了獨立自主性的結果。所以，民族自我意識之欠缺算是沈派先天的缺憾。

數十年來，反沈派對於新法的反感可算是民族自我意識或民族自覺的表現。中國社會發展階段之晝分和外力侵入以前的中國社會究竟是怎樣一個社會？雖然社會史家、經濟史家間曾經論戰過，至今也還是言人人殊。但若認爲是一個家庭工業相當發達，而產業革命沒有開始的社會，大概沒有什麼不可。如果這種假定不錯，大體上可以說：當時的中國社會還是農業社會。但是，在我們變法之前，別人已由產業資本主義進到了金融資本主義的階段。自社會發展的過程說：繼農業社會而起的是產業資本主義社會。從而我們所應該實現的也祇是產業資本主義社會，而不是金融資本主義社會。不過，十九世紀末葉的世界已經是金融資本主義的世界。我們在二十世紀接受二十世紀新穎的法制，自然也只能和團體主義色彩濃厚的德國法接近，而不能和體現個人主義精神的法國法同其特色。這在客觀環境上是當然的。換句話說，在環境已是團體主義法制擡頭的時代，不容許接受個人主義時代的法律，譬如在帝國主義的環境中不容許產業資本主義單獨存在或實現。這是同樣的道理。但這在中國主觀的觀點是十分不妥當的。因爲農業社會接受金融資本主義的法律，結果祇落得二重不適合——農業社會和資本主義社會規範間之不適合，農業社會和金融資本主義社會規範間之不適合。反沈派主唱不適合，自然是站在農業社會立場的呼聲，也就是民族自我意識或民族自覺的表現。

反沈派的呼聲雖然是民族自覺的呼吸或民族自我意識的表現，可是，反沈派的認識中同時又包藏着不自覺或反自我的成分。他們的注意祇集中在歷史，而忽略了現實。假使他們留意到歷史和現實各異範疇，他們會不單是看見有大部分人過着農業生活，並且可以看出這一部分人的農業生活，以海禁大開爲楔機，前後有着截然不同的性質。不單是可以看出不同的性質，並可知道這種特殊的性質和列強國內的農業在各自國內的地位，也是互不相同的。只要他們的認識不過分機械化，還會知道中國的農業不是自給自足的農業，也不是獨立自主的農業，而是外國工業原料的供給者，過剩商品的消費者，和過剩資本的接受者。全中國人都是把農業生產的收入作工商業社會消費的貧入。中國農業就是這樣通過原料的供給，過剩商品和過剩資本消化的機能，獲得所謂國際經濟一環的作用，同時降作了列強的殖民地。所以，客觀眞理所告訴我們的是：近百年來的中國民族是殖民地性的民族；近百年來的民族自我，是殖民地性的民族自我。三十年來的中國法制也就是反映這種殖民地性質的法制史。三十年來的中國法制失去固有的獨立自主性正是民族失去獨立自主性的反映。三十年來的中國法制不是農業社會的法制，正爲的是支配中國社會經濟組織的不是中國農業，而是外國的工商業。獨立自主的民族固然是民族自我存在之一形態；殖民地性質的民族也是民族自我存在之另一形態：前者是一般的、原則的、常態的；後者是特殊的，例外的，變態的。獨立自主的民族是中國民族過去之歷史；失去獨立自主的形態是中國民族的現實。反沈派把歷史當作現實。結果算是自覺，也是不自覺；算是意識着自我，同時又沒有把握住自我。

反沈派不僅在自我意識中包含着反自我的成分，就是視野方面也顯示着不完全。反沈派的視野祇限於農業社會，而遺漏了民族的工商業。假使他們的視野和客觀現實同範圍，他們會不僅看見過着農業生活的一大部分人，還可以看出一小羣工商業生活者的存在。他們也可以看出清末民初以來官營的軍需工業是民族工業，歐戰期間雨後春笋般發達的工業中也有很多是民族的工業。自然，民族工商業和農業一樣不能獨立自主，都只是外國工商業的附庸，處於無關輕重的可憐地位，當然也會看出來，假使他們還能知道工商業和農業各同在社會史上所占的階段，知道同一時代或同一國家工商業和農業間的關係，他們會不把目前占大多數——以量勝的農業當天皇，而把目前占極小數量——以質勝的工商業作儲君。只因視野不完全，遂給客觀眞實以「從人叢中」逃去的機會，不能把握住正體。結果祇能意識着民族自我之落後的形態，而不認識前進的因素，抓不住問題的核心。這大概是給歷朝歪曲眞理的重農輕工商政策犧牲了的結果。換句話說，是儒家思想中毒的表現。

反沈派之所以陷於意識自我而忘卻自我的矛眉苦境，本質上由於反沈派的看法不能超出農業社會的經驗或常識的範圍。反沈派的看法是一種循環的歷史觀。這種循環的歷史觀本質上是農業社會的生產秩序和政治史的經驗之普徧應用。農業社會的生產秩序是把一年四季十二月二十四節氣和三年一閏月作骨幹的。抽去了這個骨幹，農業社會的生產便成爲不可能。農業社會生產的法則是關於自然法則的經驗之結晶。一年四季十二月二十四氣節和三年一閏月的週而復始，永遠循環，是自然法則，也是經驗的知識。這種經驗的知識就是循環的歷史觀之策源地。還有一點，數千年來的中國政治上只有更朝換帝；社會始終由農業組織支配着：在海禁大開以前，秦、漢以後，從來沒有變過質。這是社會生活歷史的經驗，也是一種變態的歷史法則。這種經驗或法則也是增強循環的歷史觀之確信的好園地。我以爲中國農業社會這種生產和生活的經驗，就是反沈派主張回復民族固有法舊軌的客觀根據之所在。老成人和根本沒有科學方法，或科學方法把握不穩的人們，所以相率對固有法表示迷戀，就是接受了把農業社會的經驗和常識當作基礎看法之結果。正因爲科學方法不易把握甚或不知把握，這種常識的看法更易乘虛而入，占領人們的腦海。反沈派所以容易得人同情，根本原因就在這點。這種看法，拿來把自然科學和社會學作基礎的沈派對比，已經是落後一步。若更和現代社會科學的看法對比，這中間簡直隔了自然科學和社會學二個階段，說來要算公孫三代了。

知識告訴我們，單純樸素的經驗並不是完全正確的知識，也就算不得眞理。農業社會的生產和生活的經驗之所得，只限於有關農業的自然法則和農業社會內在的社會法則。這些法則的知識，上不能據爲推定原始社會生活法則之標準，下不能當作工商業社會應有的秩序看待。循環的認識也不能當作自然，社會和思維發展的普徧眞理。認爲循環就是發展法則，農業社會秩序卽爲永久普徧的社會秩序，都是根據農業社會經驗所得不完全的知識必然產生的錯誤。這就是說：把客觀上不周延的大前提當作周延來推論，結論不是眞理，當作大前提的概念自己已給預先說明了。這是反沈派種種結論謬誤的總原因，也就是反沈派幼稚的所在。

反沈派的看法的結論雖然會謬誤，反沈派的看法的本質卻是一種唯物論或反映論。因爲反沈派同時也是國情論者。國情論者之所謂國情就是社會現實。把社會現實作出發點來談法律，當然是一種唯物論或反映論。在量的觀點，農業占絕大多數，這是顯明的事實。反沈派心目中所謂法律和國情不符，大概不外由於：所有權之取得和其他物權之設定、移轉、變更、消滅等等，社會現實是多半把高利貸作利器的，而法律偏要標榜平等的原則。社會現實有各種各樣的物權存在着，而法律偏要採用物權創設法定主義。社會現實的婚姻，因風俗和生活的不同，有各種各樣的方式，而法律偏要把「公開儀式」和「二人以上證人」作結婚的必要條件。社會現實對於無夫通姦依然施行着並且要求施行很嚴厲的制裁，而法律偏取放任的態度。社會若干角落裏還保存不少物物交換的形態，法律偏要把貨幣作中心。社會保存着「腳塞」，「趕工」，「帶地傭工」及其他種種不平等甚或含有奴隸性的勞動制度，法律偏要肯定契約自由的原則。現實社會生活充滿着道德的成分，而法律則把權利作出發點。社會保留着奴隸制度，法律卻有「使人爲奴隸罪」之規定。社會崇尙貞操守節，法律卻允許離婚再醮。社會流行着夫爲妻綱，財產獨占，法律卻有夫婦財產制的規定。社會流行着私刑制度。法律偏要禁止私刑。社會常識以家爲單位，法律偏要把個人作單位……等等。這些和法律不符的事實都是農業社會組織內在的法則。反沈派若

把這些事情作根據來批評新法，不管反沈派是不是意識着，客觀上當然認爲是一種唯物論或反映論，

反沈派的反映論雖不失爲妥當的眞理，但因反沈派的反映之根據是農業社會秩序，所以只會看見不適合的一面，忘卻了適合的另一面。前面所指出的不適合的地方只是不適合於農業社會。這些地方對外正是和中國民族經濟上的宗主國完全適合的所在，對內和民族的工商業本質上也是互相適合的。只因外國經濟勢力尅服中國經濟勢力，工商業尅服農業。所以，新法的標準是尅服者，不是被尅服者；在外而不在內；在彼而不在此。我們雖不妨肯定反沈派的唯物論或反映論的眞理性，然卻無法肯定農業社會組織是反映的合理根據。

反沈派的反映論不僅沒有合理的根據，反沈派的另一面還是一種唯心論。反沈派的說法雖然言人人殊，但是他們最高的論旨常把舊道德當作批評新法律的標準，當作要求修正新法制的指導原理。並且主張法律道德合一論。還有一點，反沈派同時也就是禮治論者。然而禮是一種社會生活的道德，表現的形式是習慣。在某種意義，禮、習慣、和道德三者不過一事異名，本質上都是一種社會意識。把意識作法律的標準自然是一種唯心論。

反沈派一面唱國情論，同時主張法律道德合一論。驟然看來，很易使人肯定是一種二元論。實則不過是具體的農業社會國情論之另一屬性，決不可當作二元論看待。法律發達

之歷史，在某種觀點卽爲社會規範分化之過程。社會規範之原始的形態是法律，是道德、是宗教、同時也是風俗和習慣。更進一步的歷史是法律，道德和宗教從風俗習慣中分化出來，和風俗習慣互相獨立。不過道德、宗教和法律三者還是混然一體。第三階段是法律和道德宗教互相獨立。至於所謂法律道德化的傾向卻是十九世紀末二十世紀初的新事實，也是歷史發展的結果。這四個時期之連續便是法律發展的軌道或法則。中國變法以前的舊法制之歷史階段屬於第二期；所以它的特點是法律道德混然一體。換句話說，法律道德混然一體是中國社會史上的事實，也是農業社會的特徵。法律道德合一和農業社會是保有着內的關聯的。充滿了反沈派視野的對象既然是閉關時代的農業社會，法律道德合一的特徵，也必然會映入眼簾。

法律道德合一病是反沈派幼稚病的表現，也是樸素的經驗論貧乏之結果。法律和道德本質上是二件事。說的正確些，法律和道德只有內容的相當，作用的重複，沒有什麼合一。所謂二者合一單是從現象方面觀察的結論。假定不是用語不妥當，便是沒有抓住現象的本質。法律和道德二者的作用互相重複雖然是特定時空中的眞理，卻並不是普偏妥當的眞理。雖然不妨承認作用重複是常態，作用矛盾是變態，但也不能忘記特定道德和特定法律同樣沒有永久的妥當性。法律和道德作用重複和矛盾都是某種條件下的必然現象。風俗習慣也是如此。假使法律、道德、風俗和習慣的具體根據相同，它的作用必然會重複；具體的根據不同的時候，作用也會不同；具體的根據矛盾的時候，作用也必然會矛盾。因爲風俗，習慣和道德比法律更凝固，更遲滯。在社會激急變革過程中，法律常比道德，風俗和習慣更進步；所以舊風俗，舊習慣和舊道德常會和新法律相矛盾。這種和新法律相矛盾的道德，風俗和習慣，大體說來，都是已經喪失了必要基礎的道德，風俗和習慣，遲早必然會被新法律揚棄，並由應有的新道德來代位。反沈派昧於法律和道德，風俗或習慣間的因果關係，所以會用舊道德作批評新法律，修正新法律的標準。這除了充分暴露經驗論的貧乏之性之外，實在別無意義。

經驗論的貧乏之性還使反沈派中的禮治論者毫不自主陷於反法治論的苦境。禮和法本質上是二件事；現象上有時重疊，也有時矛盾，前面已經說過。在禮法矛盾的時候，崇禮便是拋了法，便是反法治。不過，這在農業社會原來是不成問題的。因爲農業社會生活的法則很簡單，並且很凝固。禮法只有重複，很少衝突。然在工商業社會，尤其是過渡時期，不單是禮法常有衝突，並且法之爲法在概念上還有着根本的差異。農業社會之所謂法，本質上只是一種命令的集成，只在沒有特殊新令的時候纔能獲得規範類似的事實之機會。工商業社會的法是國家最高的規範；命令祇能補充法之所不備，不能任意變更法律。禮治論者似乎沒有注意到這個區別。還有一點：和「禮」相對稱的「法」只是「刑」的意思，和現代的「法」的觀念根本不同。把歷史上禮治和法治的論爭場面搬到現代來應用，徒然鬧時代錯誤的笑話。

還有一種人，主張把法律做手段達到禮治的目的。表面看來似乎很開明，很進步。但開明和進步的地方只限於承認了法的存在，整個的說法卻同樣是非常識的。因為難成難變是習慣和風俗的特色。農業社會的法則簡單而不變；所以習慣足夠應用。工商業社會的法則複雜而多變，所以只適於成文法的規範。工商業社會雖然沒有完全否認習慣的規範性，但在制度上的原則只認為有補充法規欠缺的作用，並且要經法律預先概括抽象地承認。事實上法律承認其有補充作用的習慣中，物權方面的習慣雖然多少是比較落後的習慣，其他法律行為尤其是商事方面的習慣，本質上常比法規進步。習慣比法規進步的現象是工商業社會所獨有，農業社會不能想像的事情。所以工商業社會雖然肯定了若干習慣之規範性，習慣自身所有的缺點卻已完全避免了「法治手段禮治目的論」。顯然犯着不知禮法各自的長短的毛病。至於一面主張禮治，同時主張法治，那更是陷入了矛盾的深淵，不可救藥了。

反沈派法律道德合一的唯心論別無目的，維護舊道德，遷新法律以就舊道德便是唯一的目的。從這點說，顯然不如沈派把撤銷領事裁判權作目的的態度來得深切著明而有力。沈派的背景本來是殖民地身分。不過，沈派的人們，一直到今日，並沒有意識着這身分的存在。新法制的產生是把撤銷領事裁判權的目的作出發點的。這是沈派的人們共同意識着的所在。所以，在沈派意識的範圍內，沈派是一種唯心論（目的論）。至於沈派對於新法和歷史不聯接，和社會不適合二問題，始終抱着取消問題的態度，也是我們作爲斷定沈派是唯心論的一個旁證。

在某種意義，撤銷領事裁判權只是一種結果。這種結果的原因是「中國強盛了」。從這點說，把撤銷領事裁判權作目的而變法就是把自強作目的而變法；換句話說，撤銷領事裁判權的目的之另一面是「圖強」。變法圖強的究極之意義不外二點：第一是舊律已經不適時宜，舊律變成新法就是一種強盛了的表現；第二是藉新法的作用以促進社會的發展或用法律改造社會。這二個意義的本質都是唯心論。因爲：第一，強不強的判斷標準不是法律，而是社會組織和國力；第二，法律促進社會發展的作用是相對的，換句話說，法律對於社會的發展只能推波助瀾，不能興風作浪。所以變法圖強本質上也是一種唯心論。沈派有着這種意識的唯心論，同時又有殖民地身分在無意識中作基礎。這和反沈派的一面唯物，同時唯心，算是異曲同工，各盡其妙。這種眞一元論假二元論的狀況，是中國法學史上最有趣味的一副對照圖，也是二派雙方所以不能登學問之天堂的原因。

沈派的目的觀雖比反沈派的法律道德合一論勝一籌，也只勝這一籌。唯一的關鍵不在撤銷領事裁判權和圖強的目的或法律道德合一，而在現實的次殖民地或半殖民地身分。沈派的政策和立場因爲無識的和近百年來現實的民族身分相適合，所以能占上風；反沈派因爲沒有正確把握住現實，所以終落下風。將來殖民地身分之喪失，自然也是沈派失足的楔機。

第三　法學的新立場及其應有的法律觀和方法論

殖民地身分不僅是沈派和反沈派成敗的關鍵，並且是決定沈派和反沈派歷史階段的標識。事實上，反沈派是把反對沈家本派的主張作楔機產生出來的論派，至早也不過和沈派同時發生。所以若從發生的時間看，毋寧沈派在先，反沈派在後。假使更從目前沈派和反沈派同時並存的現象着眼，簡直沒有法子區別此先彼後。不過，反沈派所代表的是舊社會舊意識，是歷史而不是現實；沈派所代表的是次殖民地或半殖民地的民族新身分和撤銷領事裁判權或圖強的新憧憬，是現實而不是歷史。所以從歷史過程上看，應該肯定反沈派在先，沈派在後。變法政策推行的歷史意義算是沈派否定了反沈派。三十年來還可不斷發現反沈派的存在。這雖是事實，然這祇能作爲說明中國的農業對於中國民族的新工商業迄今保持着獨立性的證據。自然，反沈派的存在和由新教育播種的普徧的民族自我意識不斷向着殖民地身分反抗一事，也不能說沒有一脈相通之處。不過，反沈派的存在並不影響於沈派否定反沈派的地位，也不能消滅沈派已經完成了的歷史使命。這有如民族自我意識之不斷反抗殖民地身分，而並不影響殖民地身分的繼續存在。

次殖民地身分之喪失是沈派失足的時候；但決不是反沈派死灰復燃的機會。現實狀況：殖民地身分和民族的新工商業是中國經濟內在之矛盾二因素，國際動向高於一切的意識和獨立自主的企圖是中國政治內在的矛盾二因素。國際動向高於一切和次殖民地身分發展之極致是全殖民地，保護國，地方自治政府化或屬地化，也是撤銷領事裁判權目的之消滅；民族產業和獨立自主企圖發展之極致是獨立自主的現代民族國家之出現，也是殖民地身分之喪失和領事裁判權之撤銷。前者之實現會沒有沈派存在的餘地；因爲殖民地身分和撤銷領事裁判權的目的都沒有了。也決沒有反沈派復活的餘地；因爲民族自我完全消滅了。後者之實現也會使沈派功成身退；因爲殖民地身分之消滅就是民族性之昂揚，而沈派是沒有民族自我意識的。同時也決不能使反沈派擡頭；因爲現代國家是工商業的，是科學的，是進步的，也是農業從屬於工商業的社會經濟形態，而反沈派是保守的，是農業第一的，也是常識的。所以，沈派必定失足；反沈派也決不能復興。

沈派失足了，反沈派又不復興，隨歷史之發展而產生的，自然是沈派和反沈派以外的第三立場。在民國二十九年二月的今日觀察，這未來的第三立場有二個可能的形態，一個是適應歷史曲線的，它的特點必定是反民族自我和反獨立自主的，另一個是適應民族獨立自主和沒有了領事裁判權的新國情的，它的特點必定是民族性昂揚，表現獨立自主精神的。假使認爲對日抗戰是撤銷領事裁判權或圖強的目的之更發展的表現，那麼，目前的情形顯然是增進了後者實現之可能性。抗戰最後勝利的時期就是後者獲得基礎的楔機，並且也是這個立場的人們起而背負中國未來法學歷史的起點。我們相信中華兒女能夠把握歷史法則有利於我之一面，相信抗戰能獲最後勝利。我們並且預言明日的新法律是民族性昂揚的進步的法律；繼沈派而起的法學理論的立場也是發揚民族性的進步的立場。

抗戰最後勝利的獲得，殖民地身分的消失，領事裁判權之撤銷，民族獨立自主的願望之實現，都是可能的，不過迄今還沒有實現。把抗戰最後勝利作楔機的法學第三立場之登臺也是必然的，不過現在還祇是一種可能性。事情雖然如此，可是現在我們已經可以看出這種可能性。我們也可以根據歷史社會和思維發展的法則，預言這種可能性實現後，明日的中國法律應有之面目和精神，預言明日的中國法學之精神和素質，並且指出今日的中國法律和法學之本質。我們還可以發揮思維的機動性或指導性，使明日的法律和法學能和預言相近或適合。

把抗戰最後勝利之獲得或殖民地身分之喪失當作誕生的楔機，把民族的獨立自主性當作根據的明日之法學，是中國法學的第三個立場，也是中國法學史上的第三階段。這階段固然不是沈派的思想見解，主張和作風的完全拋棄，也不是反沈派的思想，見解，主張和作風的完全接受。這是一個把反沈派和沈派的歷史功績作基礎而另行創建的新階段和新立場。這個階段的世界觀，法律觀和方法論產生於沈派和反沈派的思想，見解，主張和作風的拋棄，保存和加味中。換句話說，第三立場的世界觀，法律觀和方法論，是把沈派和反沈派的世界觀，法律觀和方法論中積極的成分提煉出來，再和現代的知識配合成功的。把這種新的世界觀，法律觀和方法論作手段，將現階段的中國法作一種新的認識，將明日的中國法應有之面目加以探討，將建設新中國法學的基本原則予以規定，都是這個階段或這個立場的使命。站在這個立場的人們都是提煉，配合或創造這個立場的世界觀，法律觀和方法論之洪爐，也是遂行新的認識，檢討和提出基本原則的勞動者。站在這個立場的羣衆可稱爲新沈派，也可稱爲新反沈派。我自己是想站在這個立場，並且遂行這個立場應有使命的一人。不過，我既不自量力，首先找出這個具有歷史意義的立場，並且自己還想站上去，那麼，這個立場應有的世界觀，法律觀和方法論，對於現行法應有之新認識，明日的法律應有的面目之探討，明日的法學構成之原則和條件之描模，自然我便成了一個義不容辭的首次探險者。

依我的見解，中國法學第三立場或第三階段的世界觀和法律觀，必然拋棄反沈派的法律道德合一論，保存反沈派之國情論的唯物論或反映論，而抽去其農業社會的具體內容，攝取其國情論的，唯物論的，或反映論的抽象因素。法是社會組織或社會秩序的反映。這本是意識或無意識通過或支持反沈派和沈派主張的一貫的眞理。反沈派因爲誤把農業社會作爲國情的具體內容，所以不能對沈派的主張作有力的打擊；沈派因爲沒有意識地把握住殖民地性的國情，所以雖然逢到反沈派的猛烈反對，也只能出之以取消問題的態度。事實告訴我們，假定沒有殖民地性的國情，是不會有沈派的存在和發生的。反沈派知有農業而不知有工商業。沈派把殖民地性國情當基礎而不自知。這二點正爲第三立場的世界觀和法律觀派定了意識的和社會史的二大特色。換句話說，新沈派或新反沈派的國情論，唯物論或反映論，第一是意識的，第二是把社會和歷史當作基礎和內容的。從而是動的，是變的，不是靜止不變的。

我以爲第三立場或第三階段的世界觀和法律觀，對於沈派撤銷領事裁判權和變法圖強的政治政策或目的，必然拋棄其撤銷領事裁判權和當時所謂「圖強」的具體內容，而保存其抽象的促進社會發展和維持社會秩序的目的觀。法律是達到政治目的的手段。政治本身也不過是爲着維持社會秩序，促進人類歷史發展，完成歷史過程而存在的一種組織。沈派把握住了這一點，所以能占上風；反沈派疏忽了這一點，所以終落下風。不過，特定政治政策或目的之訂定，在其對於特定時空的功利作用。目的達到之後，功利作用沒有了，特定政策或目的也就只有消滅的運命。所以，抽象的政治目的雖是絕對的，不變的；具體的政治目的卻是相對的，常變的。第三立場所可保留的是法律維持社會秩序和促進社會發展的目的觀；所拋棄的是具體的目的——撤銷領事裁判權和當時所謂「圖強」。第三立場對於法律具體目的之確定，應該常隨時空之不同而變易。

一面保存沈派的反映論，同時保存反沈派的目的觀。在不分條件和根據的人們看來，也許認爲這是一種二元論。其實，第三立場或第三階段的世界觀和法律觀，既不是心物並行的二元論，也不是下物上心的二元論，而必然是把「物」作根據，把「心」作條件的一元唯物論或反映論。換句話說，是把國情或社會實現作根據，把政治政策和目的作條件的唯物論或反映論。反沈派知有社會而不知有目的，沈派知有目的而不知有社會。第三立場或第三階段的世界觀和法律觀是把物質或社會，政策或目的當作世界觀和法律觀的二個因素的。一面承認目的對於社會發展和維持社會的作用，同時肯定其相對性；一面肯定社會對於法律的決定性，同時容許目的的成分之存在。這是第三立場整個的世界觀或法律觀，同時並且是沈派和反沈派的背景之認識和說明。

沈派和反沈派見解的對立，基因各自對於規制社會生活的法規認識之不同。關於規制政治生活的憲法和憲政二者間的關係，學人中雖然大半可以指出是形式和內容的關係，然這對於沈派和反沈派的抗爭處於超然地位；和反沈派的形成無關，和反沈派的存在也不相涉。若專從沈派和反沈派的具體情形觀察，沒有方法論似乎是二派共通的毛病。反沈派儘管主張國情論，卻始終沒有人說明：爲什麼法律和國情不符便要不得？爲什麼攪亂人民固有的生活秩序的法律便是要不得的法律？反沈派更是除了坐吃變法或立法政策外，不發一言。尤其沒有告訴我們：爲什麼和政治目的相適合的法律便是要得的法律？所以在同時並存的沈派和反沈派二者之間，儘管各不相讓，但在理論上卻是誰也勝不了誰。在第三立場或第三階段，必須拋棄這種沒有方法論的態度，意識的自沈派和反沈派的論爭中提取方法論的因素，而加以構成。

我們以爲社會和法律，政治和法律，社會和政治間的關係都是本質和現象，形式和內容間的關係。本質和現象，形式和內容的關係之具體聯絡，在於形式是內容的屬性，現象是本質的表現一點上。本質和現象，形式和內容間必有因果關係，內的關聯；二者互相適應。反沈派所以反對把撤銷領事裁判權作目的或因圖強而訂定的法律，就是因爲這種法律和農業社會間沒有保持形式和內容，本質和現象間的因果關係。沈派所以坐吃立法政策，採着取消反沈派所提出的問題——不聯絡和不適合問題的態度，就是因爲把撤銷領事裁判權作目的而制定的法律和政治間保持着形式和內容，本質和現象間的因果關係。然而，在客觀上，這二點中間顯然包含着本質作用於現象，內容作用於形式的原理。

在沈派和反沈派的見解中所可提煉而得的只有內容影響形式，本質影響現象的原理。這自然是不夠的。不過除此之外，在第三立場或第三觀點，還可根據三十年來的歷史和現實中的：(一)憲法的分布和憲草的擬定不只一次，而眞憲政不曾因此而得一日的實現；(二)新法之深入人心，受人歡迎，鄉村中遠不如城市中來得容易；農人不如新工商業者來得徹底；和(三)法已變而領事裁判權迄今沒有撤銷，中國迄今沒有強盛等等的教訓，肯定內容決定形式，本質決定現象的原理。我們還可以自：(一)眞憲政雖不曾實現，若干部門的現象確比專制時代好了些；(二)新法律的知識也可以影響若干人的某些行動；和(三)因爲變了法，若干人的法律意識和正義感情都比現實社會所應有的更進步了等三件事，抽出形式反作用於內容，現象反作用於本質的原理。再把這些原理互相結合起來，便成了我們的方法論之全體。這種方法論和前面所揭示的法律觀是互相同一的。第三立場或第三階段的基本特色也就在法律觀和方法論互相同一這點上。

第四　今日的中國法之新認識

把第三立場或第三階段應有的世界觀，法律觀和方法論作出發點，關於三十年來的中國法之現象的把握，在形式觀點，可以舉出：民初約法，曹錕憲法，訓政時期約法和歷次憲法草案中關於確認人民各種權利，非依法律不得剝奪的規定，刑法中罪刑法定主義原則的規定，刑事訴訟法中訴訟程序法定主義之採用，民法中肯定習慣和法理之補充法規作用的規定。內容方面，可以舉出訓政時期約法中國民生計和國民教育的規定，刑法中量刑注意和減刑免刑事項，保安處分，易處訓誡，累犯加重，常業犯加重，緩刑和假釋等制度的規定，民法中權利之利使，誠實信用之原則，無過失責任和家的規定：土地法、勞工法規和累進的所得稅制度的存在等等。具有這種形式和內容的法制，大體說來，屬於把個人主義作基礎的團體主義，把個人本位作基礎的社會本位，把自由主義作基礎的干涉主義，把產業資本主義作基礎的金融資本主義的法制之類型。

根據現象和本質間的因果性，積極方面，可以認定——也必須認定這種法制現象是高度發達的工商業社會秩序和工商業的政治政策或目的互相結合的表現。換句　說，這種法制現象的成因，政治方面是干涉的政治，社會經濟方面是獨占經濟，或統制經濟。消極方面，也可以認定——並且必須認定這不是農業社會秩序和農業的政治政策或目的互相結合的表現。換句話說，這種法制現象的成因，政治方面不是專制政治，社會經濟方面也不是自給自足的農業經濟。自給自足和統制雖於合目的的成分一點有其共通性，但自給自足是社會的物質生產力的最大限度，統制經濟只是社會的物質生產力某種限度之活用；自給自足是農業的，是先於個人主義，自由主義，產業資本主義的階段，統制是後於個人主義，自由主義，產業資本主義的階段。專制和干涉雖於國家對國民的行動，或對於國民福利之增進具有積極的行動性和指導性一點，大體上有其抽象的同一性，然專制政治是人治，是命令政治，獨裁政治卻是把法治的歷史作基礎，把法律作最高標準的政治。

三十年來的中國法制現象雖然應該是高度發達的工商業社會秩序和工商業的政治政策或目的的結合的表現，但是，中國國民迄今還沒有自傳統的社會束縛中解放出來。傳統的官權至高原則也還沒有徹底推翻。貨幣制度的統一只是近年的事實。苛捐雜稅的存在還是普偏的現象。民族工商業還幼稚得難以形容；產業革命離完成的時候還很遠。換句話說，中國歷史上還不曾有過普偏徹底推行自由主義和個人主義和產業資本主義的事實；憲政或法治迄今還是當作運動目標的理想。團體主義的精神還只是血緣的同學間普偏而深刻的現象。職業和社會層間的團體意識還只在萌芽時代；既不深刻，也不普偏。從這幾點看，中國法律的現象和法律應有的本質顯然沒有因果關係。

不過，工商業發達，國際交通頻繁後的國家，對內是獨立體，對外是國際關係之一環節。這是近代及現代國家一體之二面，也是近代和現代國家內在矛盾之二因素。這種矛盾因素之包容於一體，中國如此，外國也如此。但對立因素具體之配合，卻因對外獨立自主性之大小強弱而不同。中國的獨立自主性是給不平等條約破壞了的。不平等條約束縛的結果，中國所保有的只是社會歷史始終停滯於農業階段的自由，只有爲外國工商業生產原料，購買過剩商品，接受沒有出路的資本投資的自由。所以對內雖是農業占主要成分，對外卻祇有外國工商業附屬品的意義。這種對內決定自己，對外爲別人所決定的中國社會經濟的特殊性，就是半殖民地或次殖民地的社會經濟之特色。

這種殖民地身分使農業社會秩序成爲工商業社會秩序中的農業社會秩序，同時也就是使中國的社會秩序成爲外國工商業社會秩序的附屬品。換句話說，中國社會秩序的範圍不能把國境作範圍；中國社會秩序的性質不能把農業社會秩序作標準。中國社會秩序是超農業的；中國社會秩序的範圍也是超國界的。所以中國法律秩序的內容是外國工商業，而不是中國的農業；中國法律秩序的根據是高度發達的外國工商業社會，而不是自給自足的農業社會。這是三十年來中國之殖民地性。也可說：三十年來的中國法就是這個殖民地身分的反映。

三十年來的法律和三十年前的法律不聯接，抽象說來，是海禁大開以前獨立自主的民族自我和海禁大開以後殖民地性民族自我間的不聯接；具體事實，是中國農業和外國工商業間的不聯接，中國農業社會秩序和外國工商業社會秩序間的不聯接。但這還只是三十年來中國法的本質論應有的結論。若自不聯接問題本身看，這個問題的另一面又是一個歷史法則問題。

歷史是發展的，不是停滯的；社會組織也是發展的，不是永久不變的。蘇聯的制度理論上是把近代現代的工商業作基礎的。近代現代的工商業社會是由農業社會發展而來的。農業社會又是游牧社會發展的結果。游牧社會也是繼承單純採取天然果實和漁獵的社會而起的社會形態。

社會秩序是整套的。特定社會的一套社會秩序是特定社會組織內在的一套法則。它因特定社會組織的發生而發生，因特定社會組織的消滅而消滅。游牧社會的秩序和農業社會不同。社會主義的社會秩序和資本主義的社會秩序二樣。農業社會秩序當然也和工商業社會秩序有別。

不聯接的現象是歷史發展的必然產物。社會由游牧的進到農業的過渡期中會有不聯接的現象。由農業的進到工商業的過渡期中固然有不聯接的現象。由資本主義的進到社會主義的過渡期中也會有不聯接的現象。若把歷史階段當作過程看，由農業社會進到工商業社會中間所發生的不聯接現象，只是無數次不聯接現象中之一次。

由農業社會發展到近代工商業社會是歷史的常軌或一般的法則。由農業社會變成殖民地社會是歷史發展的變態或歷史發展的特殊法則。常軌的實踐固有它的必然性；變態的發展也是一種必然性的表現。歧途的關鍵在於民族國家的獨立自主性之有無。中國近三十年來的法制是近代化現代化的法制。中國法制的近代化和現代化是把殖民地身分作根據，把撤銷領事裁判權或自強的目的作條件產生出來的。這個撤銷領事裁判權或自強的目的是中國法近代化現代化的偶然性。這個偶然性是殖民地身分反映於法制的表現形式，也是常態發展的必然性之補充形式。

三十年來的中國法和三十年前的中國法不聯接，只是具體的不聯接，不是抽象的不聯接；清末的變法只是舊法的揚棄或改造，不是舊法的整個拋棄。抽象看來，三十年前的中國法和三十年來的中國法是聯接了的；舊律中的積極的成分在新法中是被保存了的。舊法中有國家制度；財產是私有的；婚姻大體上是一夫一婦制度。現行法制也有國家制度，財產私有制度和一夫一妻的婚姻制度。這些都是抽象的聯接了的地方，也是保存了的所在。舊法中把「家」作社會生活的單位，把人身作財產權的目的物；把國家當作皇帝一家的私產；把皇帝當作主權的出發點；把身分關係當作社會關係的條件或標準。這些都是歷史的渣滓，所以都拋棄了。這種拋棄和保存全是歷史發展的合法則性之表現，是必然的，也是合理的。因為現代社會是把個人自覺的歷史成果作基礎的；近代社會組織是把個人作單位的，也是一面自奴隸地位解放出來，同時自君權神權底下解放出來了的社會。

我們不僅覺得三十年來的中國法和三十年前的中國法客觀上是抽象地聯接了的，並且覺得二者的精神，比一般場合還要特別接近些，換句話說，連法律的精神也有着抽象的聯接。道理是這樣的：和農業社會法律的精神最相矛盾的是產業資本主義社會的法律，不是工商業高度發達社會的法律。因為產業資本主義社會的法律是把徹底的自由主義和個人主義作基礎的。這和農業社會的團體主義精神，和農業社會沒有自由的現實是絕對矛盾的。三十年來的中國法雖還沒有完全踏上團體主義的階段，卻已顯着濃厚的團體主義色彩。這種色彩是從憲草和約法中的國民經濟，國民生計，國民教育，刑法中的量刑和減免刑罰事項，易處訓誡，保安處分、緩刑、假釋，刑事訴訟法中的追訴便宜主義，民法中的權利之行使，信用誠實之原則，無過失責任和「家」的規定，土地法和勞工法規的存在等等顯現出來的。這些特色都是產業資本主義社會的法制形態所沒有，而和農業社會的團體主義精神有着抽象的同一性的地方。近三十年來的中國法和三十年前的中國法間這種精神的接近，是一般遵循正軌，從農業社會發展到自由主義的工商業社會的國家緊接農業社會之後的法制史上沒有的現象。中國法制史上不能發現純粹個人主義，自由主義和虛偽的民主主義階段，使團體主義的精神獲得歷史上抽象的聯接，自然也是殖民地身分之所賜。

關於中國現行法和中國現實社會間的不適合問題，我們不採沈派取消問題的態度，相反的，我們積極承認二者確不適合。也不採反沈派非難攻擊的態度，反而明白肯定不適合現象的存在，原則上是一種合法則性的表現，也就是一種眞理。法規和社會間的關係是形式和內容的關係，也是一種對立關係。對立是把矛盾或不適合作前題的概念；不矛盾或完全適合就沒有對立。不是對立就不是法規和社會間關係的眞面目。法規和社會不適合的現象，正是事實和理論符合的所在。所以我們對於現行法和現實社會不適合，不但不大驚小怪，反認爲是當然有而不可無的現象。

現象之矛盾是眞理。特定矛盾現象可以消滅，也是眞理。矛盾之消滅繫於矛盾原因之消滅。假使社會是基因自然的發展而發生變革，法制和社會矛盾的原因在於新秩序沒有浸透舊秩序。那麼，矛盾之消滅需要舊秩序之新秩序化，或新秩序浸透舊秩序。假使社會之變革出於人爲而自動的改造，矛盾之原因常在目的成分之過大；矛盾之消滅需要待至目的變成事實的時候。假使矛盾之原因在於目的成分之過大和新秩序沒有浸透舊社會二件事，矛盾的消滅固然需要社會之自然的發展和人工的促進，同時也許需要修正目的；否則，適合時期之到來必更遲緩。假使矛盾的原因由於社會進步，而法制停滯或落伍，法制之進步的改造便是消滅矛盾的唯一方法。

我們雖然認爲社會和法律的矛盾是眞理，同時也決不忘記次殖民地中國的現行法律和社會間矛盾之特殊性。中國現行法律和現實社會間的矛盾是傳統的獨立自主的民族自我和殖民地性的民族自我間矛盾的表現，也是中國農業和外國工業間矛盾的反映。換句話說，中國史上產生法律和社會間不適合問題的偶然事實是把變法當作撤銷領事裁判權或圖強的手段，而不是由於國內社會自然發展之結果，也不是由於當作實現純粹自動的改革之手段。這是一般法則中所沒有包含的特殊情形。

殖民地社會是沒有向上自然發展的自由，而是時時受着殖民地身分的拘束，限制了發展的。這也是一般法則中所沒有包含的特殊情形。

這二種特殊情形所生的特殊影響，第一是不適合的程度特別大——沒有採用產業資本主義社會的法制形態，而接受高度發展的工商業社會的法制形態，中間跳過了一個歷史階段；第二是法制對於社會的反作用特別小；第三是社會自然發展的速度特別慢，並且不能超過一定的限度。結果是：互相適合互相接近的時期特別慢——或者根本不能期待有適合現象發生之一天。這是三十年來不適合現象沒有好轉的原因之所在，也就是沈派用法律改造社會的目的所以不能儘可能實現的緣故。

我們不僅在方法論的觀點肯定不適合現象之一般的和特殊的合法則性，並可在功利的觀點考察不適合所生影響的種類和程度。我們可以舉出基因變法所生的變化第一是訴訟手續麻煩而溫和了，刑罰輕了，並且報應觀念趨於薄弱，同時也就是一般預防作用比較從前鬆懈了。第二是若干權利利益的內容發生了變化，如親權夫權家長權和父權等。第三是若干舊有權利消滅了，如所有奴隸和家天下的權利，對於滿二十歲人的行動之干涉等。第三是若干新權利利益發生了，如公權自由權等是。這些變化，驟然看來，當然覺得影響很大。但是，假使我們記着：(一)農人什九不識字，無知識，尤其不懂法律；(二)農人解決爭端的方法是惡訟而愛「吃講茶」，或投訴於紳士；(三)走徧中國，找不出用新法律的原則和精神給別人排難解紛的紳士；和(四)全國各級檢察機關事實上已經把審判方面不告不理的原則作了一種不應該的擴張或類推解釋，把這原則搬過來當作自己行動的指導原理，實行「沒有告訴告發和自首就不管事」的主義等等幾件事，我們就可以大膽斷定：實際上除了極少數經法院判決執行者外，預料鬆懈了的一般預防作用並沒有鬆懈；已經變更了的權利利益並沒有完全變更；應該發生了的新權利利益沒有普徧發生；應該消滅了的權利利益也只消滅了一部分。至於基因法院判決所表現的正義和一般社會的正義感情不符，因而感覺不平不滿的事情，有是有的，但決不能成爲另一攪亂社會秩序現象的原因。這是農人綏慢和平而不好訟的習性所決定了的。從這點看，我們不僅對於反沈派只是漠然喊着不適合，覺得太空疏，並且覺得似乎有點有意無意小題大做的嫌疑。

我們知道：貨幣經濟獲得支配勢力的時候，自然經濟便失去自主性，成爲貨幣經濟的附庸。工商業獲得支配勢力的時候，農業便失去自主性，成爲工商業的附庸。一個單位之內的現象是如此；沒有保護關稅壁壘和有不平等條約的國際相互間也是如此。工商業對於農業，貨幣經濟對於自然經濟，商品生產對於自給自足的生產，歷史過程上都有一個克服另一個的關係。工商業秩序和貨幣經濟的秩序，本質上也有克服農業秩序和自然經濟秩序的機能。在獨立自主的國家內，工商業秩序若支配了社會，會使農業從屬於工商業；農業爲工商業的利益而存在。換句話說，支配的結果是使農業社會秩序解體而變質，向着適應或最有利於工商業的方向發展。中國民族工商業迄今沒有獨立性；和農業同樣附屬於外國工商業。所以三十年來，中國把工商業社會的法律蓋在農業社會之上，它的反作用的最大受益者不是中國民族的工商業，而是外國的工商業。這是近三十年來中國法制的買辦性，也是殖民地身分必然的結果。從這點看，三十年來的中國法和中國現實社會不適合，根本上有益於外國，而有害於中國。

第五　明日的中國法應有之面目和精神

假使抗戰最後勝利獲得了，領事裁判權消滅了，中國獨立自主了，法制上第一個變化當然是法的支配領域由不完全變爲完全。數十年來，因爲不平等條約的束縛，中國的國際私法和國際刑法都不能在訂有領事裁判權的不平等條約之前擡頭。這是誰都知道的。假使領事裁判權撤銷了，國際私法和國際刑法都可發揮它固有的作用。這種不平等現象的消滅可算是第三階段的中國法出現的起點。

第二個變化是不是所有現行法規一概廢止，或重要部分完全廢止，重訂新法？換句話說，現階段法律的形式和內容，是不是會有大變動？這是一個疑問。假使認爲是重訂新法，那麼，關於重訂新法的指導原理之認定，客觀上有向着二個不同重心集中的可能。第一種可能是認爲新法的重訂，會把——也必須把舊律的精神和技術作標準。不過，這種看法，除了顯示主張者的平庸外，似乎沒有別的意義。因爲把舊律的精神和技術作標準來重創新法，在理論上是不可的；事實上也是不能的。爲什麼認爲不可？理由是：第一、第三階段的中國法只是現階段的中國法之拋棄和保存，不是全盤推翻；第二，舊律的精神和技術已經完成了它的歷史使命——除了社會的發展是同一軌道的循環，舊律的精神和技術實在沒有復活的餘地。所以認爲不能，因爲近百年來的中國史是富國強兵的失敗史，也就物質建設的失敗史。抗戰過程是物質鬬法的過程；堅強的必勝信念和持久的抗戰毅力也都是特殊物質的優越作用。建國過程中的精神建設是把物質建設作基礎的。精神自身也是特殊物力的表現。抗戰勝利後的中國也就是物質勝利的中國。而搬運和創造物質或物質豐富的社會是利用自然，克服自然達於高度的工商業社會。這就是說：抗戰勝利後的中國必然是工商業第一的中國。舊律是農業社會生活的規範。論精神很薄弱；論物質很粗糙；論技術很幼稚；論形式很龐雜；論內容很簡單；論理論也太樸素。任何稍有法律知識而無成見的人，都會毫不猶疑斷定它不能滿足複雜多歧的技術的現代社會之需要。除了使社會經濟囘復到農業階段，要想叫舊律復活，簡直是癡人說夢。舊律中惟一可取的地方是抽象的團體主義的精神；但這是現行法中已經有了的。因此，維護舊律便是抗戰勝利之毀滅——至少是把抗戰勝利評價過小，同時也是叫歷史開倒車。假使要想擁護抗戰勝利或將抗戰勝利作適當的評價，決不能使舊律的精神和技術擡頭。抗戰勝利之後，國人擁護抗戰勝利的精神必倍於今日之擁護抗戰。前提條件既然如此，那能有舊律的精神和技術復活的餘地？所以，舊律精神和技術的復活是不能希望的。

第二是認爲中國未來的新法制之重訂，會把——也必須把產業資本主義社會的法制作模型，換句話說，是採用個人主義，自由主義的法制形態。這從中國社會歷史自身階段的聯接看，不失爲合理的見解。並且過去經驗告訴我們：中國變法之初所採的法例全是尖端的金融資本主義社會的法律意識。到了上次歐戰中間，各種法規的改革，尤其是修正刑法的精神，顯然由金融資本主義的法制形態向着產業資本主義的法制形態開倒車。這當然是歐戰期間乘隙生長的中國民族產業擡頭的反映，也就是殖民地身分的質量降低了成分的結果。由此類推，抗戰勝利後，殖民地身分既完全消滅了，當然是產業資本主義的法制登臺。

可是，產業資本主義的法制登臺是把產業資本主義的社會理想和社會實現作前提條件的。然而產業資本主義實現於今後的中國，似乎只是一種抽象而不實在的可能性。明白些說，只是一種空想。因爲獨立自主後的中國也是世界經濟練鎖中的一個環節。「環」之次殖民地的性質雖然由於抗戰勝利而消滅，環之爲環，依然存在。只要關稅壁壘有一定的限度，只要產業競爭不能超出資本的支配和限制，那麼，第一要問：在國際環境早已走上了獨占和計畫經濟階段的今日，要想把自己的產業資本主義經濟和外國的計畫或統制經濟競爭，那有優勝或自存的希望？第二要問：產業資本主義經濟弊害滋多，已是前車之鑒。這覆轍那有重蹈的必要和價值？第三要問：假使採用發展產業資本主義的經濟政策，用什麼妙法來和民生主義中的平均地權和節制資本二個原則相調和？第四要問：假使採用發展產業資本主義的經濟政策，怎樣能和必將實現的整個獨裁政治相調和？這些問題，有一個不能圓滿答覆，產業資本主義經濟就沒有實現的實在可能性。產業資本主義經濟不能實現，這種政策不能採用，那裏會有或容有擁護這種經濟，推行這種政策的法律產生？所以此路不通，顯而易見。

把抗戰最後勝利作起點的中國法自然也不是維持現階段法律的原狀。第一，因爲現階段的法制中包含着不少幼稚的成分。誰也知道，三十年來的中國法十九是在幼稚的法學知識和短時日的起草中產生出來的。若從法律知識把握正確，立法技術表現精審的觀點看，很多後來由中國人自己經手修正過的法律，常常不如出於日本人之手的草案來得更精當。假使我們在某種法規本身發現了幼稚病，大可不妨馬上斷定這是修改出來的痕跡——至少刑法方面是通用這個定律的。至於完全由中國人自己起草的法律和草案中，不必要的矛盾，不應有的疏漏和可笑的穿鑿附會，也常常可以發現。三十年來，法學體系的每一部門中，都已或多或少發現了這類幼稚現象。今後的發現預料還可一天一天多起來。這種地方當然只有修正的必要，沒有保存的餘地。

第二，現階段中國法的發生過程中，還包藏着殖民地性質。誰也知道，三十年來的中國法，起初完全是在比較各國立法的氣氛圍中產生出來的。後來的立法理由中雖常常可以發現「斟酌中國實際情形」的語句，事實上，實在並沒有斟酌過什麼，也沒有多少可以斟酌的資料。所以實際上依然沒有超出「依從最新立法例」的境界。這種情形，從現象上看，比較的法例一多，採擇自然容易亂。結果不僅每一條文的繼承，不能和各該國家的學說，判例，歷史或批評之間取得聯絡，加以考慮，就是連條文和條文間的關係，原則和原則間的境界，也不容易把握正確。因此，法規成立之後，解釋上常可發現主觀上出於立法者意料之外，客觀上近於笑話的矛盾，不平衡和不一致的現象。若從本質上看，唯新是求的精神實在是無我的表現，也就是次殖民地的反映。這類矛盾，不一致和不平衡現象之消滅，算是三十年來的法律發生過程中的殖民地性一部分的拋棄。換句話說，這種不應有的現象也是應該修正，而不能保存的。

另一部分殖民地性的拋棄是現行法規和將來長成了的新社會不適合的地方修正的過程。因為現階段的法制都是世界最新的法例，也就是工商業高度發達的社會應有的法制形態。自社會經濟的發展過程看：現階段的中國法是跳過了一個歷史階段的法律。然而競爭經濟必須在沒有統制的時候纔能充分發展；統制經濟也必須在充分發展競爭之後始能盡統制的最大能事。這是當然的道理。再自法制發展的過程看：社會本位的法制必須把個人本位的法制史作基礎，纔顯得出社會本位的特色。自社會發展的過程看：若要個人能在社會本位的社會中站得起來，必須預先經過充分發展個人的階段。所以，從法制對於社會的規範性看：在社會本位的法制下，能不能充分發揮競爭，充實個人以間接充實社會？本來不無疑問。假定可能，發揮的結果，也決不能和曾經有過純粹競爭經濟和個人本位階段的社會同樣充實。現行法制是把純粹競爭經濟和個人本位社會所生結果當作假定的前提的。所以今後中國社會相當成熟之後，必可發現若干和法制不一致的地方。這種地方的修正具有拋棄發生過程中所含的另一部分殖民地性的意義。這時的修正，除加入若干目的的成分外，需要遷法律以就社會。而新風俗習慣之調查，國民氣質和作風之實際觀察，都是這種修正的準備工作。因爲新的目的是把這些材料作出發點而立定的。

沒有了幼稚病，也沒有了唯新是從所生的種種矛盾和不一致，並且適合新中國的經濟，社會和政治目的的法律是第三階段中國法應有的形式和內容。不過，幼稚病和唯新是從所生的毛病都是和各該法規成立同時存在的。所以，只要在概念構成過程中已經發現了，即刻可以修正；發現多少，即刻可以修正多少。可是，新社會和法規不適合的地方，必須等到新社會相當成熟之後，始可發現。基因不適合而實行的修正，自然是更在發現不適合之後。總而言之，第三階段的中國法，不是現階段中國法的原狀保存，而是把現階段的法律作對象修改成功的。第三階段的法律應有的面目完全呈露之時期，並不在緊接抗戰勝利之後，而在勝利之後的若干年後。

現階段中國法的形式和內容雖不因抗戰最後勝利之獲得，即時發生絕大的變化；第三階段中國法的應有面目和精神雖亦不因抗戰勝利而即時出現，可是，現行法之殖民地性卻因抗戰勝利和不平等條約之撤銷而即時消滅。代之而起，成爲法律本質的是獨立自主的民族性或民族社會。因爲一面阻止中國建設獨立自主的社會經濟，同時強迫中國供給原料，銷納過剩商品和過剩資本的，都是不平等條約，前面已經說過。條約既然沒有了，中國一面可以不作原料供給者，過剩商品和過剩資本的銷納者，同時可以依計畫，合目的自由建設民族的工商業，並使農業和民族的工商業取得有機的聯繫。那時節，法制的基礎便由國外的變成國內的；由殖民地性的法制變爲民族性的法制。目前法律和社會不適合的地方也會用最大的速度才接近或適合。

隨着現行法之殖民地性的消滅而消滅的是現行法之形式和內容所體現的金融資本主義性。現階段的中國法是把個人主義作基礎的團體主義，把個人本位作基礎的社會本位，把自由主義作基礎的干涉主義，把產業資本主義作基礎的金融資本主義法制，前面已經說過。這種法制的精神是獨占克服競爭，團體制約個人，干涉限制自由，金融資本主義優越於產業資本主義。法的目的和作用，對於金融資本主義，對於團體，對於社會，對於獨占，都是積極的或擁護的；對於產業資本主義，對於個人，對於自由，對於競爭，都是消極的或抑遏的。這種法制對於殖民地性的中國所發生的作用是：擁護了外國的工商業，抑遏了中國的農工商業；換句話說，對外國的作用是積極的，對中國的作用是消極的。結果是：在法規上是個人爲團體而存在；在現實社會卻是競爭爲獨占而存在；在國際關係上便成了中國爲外國而存在，中國農工商業爲外國工商業的利益而存在。

可是，積極和消極，擁護和抑遏，個人和社會，干涉和自由，金融資本主義和產業資本主義，外國工商業和中國農工商業等等，都是概念內在矛盾之二極。假使因爲抗戰勝利而取消了不平等條約，這不可分的二極中之一極——擁護，社會，干涉，金融資本主義，外國工商業，積極等等一連串因素，完全消失了。整個概念也就基因內在矛盾一端之消失而瓦解。因此，儘管抗戰勝利後，依然保持着現行法制的抽象形式和內容，絲毫不加變更，而在抗戰勝利前現行法制所特有的具體的金融資本主義法制形態的性質卻已完全喪失了。

追隨殖民地性和金融資本主義性之消失而消失的是現行法之買辦性。因爲民族的工商業既然獲得了獨立自主性，同時便沒有了對於外國工商業的從屬性。換句話說，中國的農工商業已經不是爲外國工商業的利益而存在，是爲民族自我的利益而存在。從而中國的社會經濟也是一個獨立自主的社會經濟單位，不是國際社會經濟的附庸。這樣，社會秩序獲得了獨立自主性；社會秩序和法律秩序的範圍限於中國國境內。外國工商業對於中國法律秩序已經不是正面的受益者，更不是最大的受益者，只是副作用的受惠者。殖民地性的中國現行法制特有的買辦性就在這中間消滅了。

基因金融資本主義性和買辦性之消滅，同一現行法，對於未來中國的新社會，可以發生一種新作用。這種作用和金融資本主義性及買辦性沒有消滅前的作用，完全二樣。在金融資本主義性和買辦性沒有消滅前，現行法對於中國社會的作用是抑遏，是干涉，是消極，是爲中國殖民地化推波助瀾，也是幫助外國的工商業統制中國的農工商業。金融資本主義性和買辦性消失後，第三階段的中國法律，對於中國社會的作用是助長社會迅速發展，是在一定限度內放任自由，也是積極的保護和發展特定限度內的自由；是爲民族獨立自主的強固基礎之建樹湊力，也是幫助民族的新工商業獲得在社會經濟組織中的支配地位，促使都會農村打成一片；是徹底發揮一面擁護產業革命或生產機械化的機能，同時充分表現顧慮大衆的福利的作用。

殖民地身分消滅了，法制又能發揮幫助社會發展的作用，不久將來的中國自然是法治的中國。反沈派中的若干人本來是禮治論者。可是，歷史上禮治和法治的論爭本來是儒家和法家的論戰。內容重心，究極是刑治和德治，王道和霸道的對抗，本質上是一般預防和特別預防的效果論，不是法律和習慣的短長論。並且法家所謂法只是一種成文或具有條文形式的命令，和近代把成立過程作形式的法根本不同。反沈派把儒家的說法當作反對沈派的手段，不知法之爲法，在形式在內容，古今各有不同。現代的禮法之爭只能當作成文法和習慣法之爭論看。在工商業社會，原則上成文優於習慣，不待多言而明。由此看來，反沈派的見解自然不值一顧。

事實告訴我們，法治這東西是八面玲瓏的。它可以和君主同居，也可和民主結合，還可同獨裁握手。從歷史過程看，明日中國所應實現的是民主的法治。但是十九世紀歷史發展之結果，顯然是保存了法治，創造了獨裁，而拋棄了民主。假使承認受了民族和民生雙方制約的民治不是十九世紀前半典型的民主，承認在世界已經走上獨裁之路的時候很少實現曲型的民主政治之可能，那麼似乎可以說：今後的中國實施獨裁的憲政之可能大於實施民主的憲政之機會。

這裏似乎值得說明的是：獨裁類似專制而決不是專制。專制是反法治的；獨裁則是把法治的歷史作基礎的。專制是先法治的歷史階段；獨裁是後法治的歷史階段。專制政治中，不僅統治者的意思和國民意思沒有分開，並且法律和命令也沒有區別；獨裁只是把統治者的意思當作或優越於國民的意思，觀念上還是有區別的。至於法律和命令的境界之存在，獨裁和民主的憲政沒有二樣。法治是十九世紀歷史的遺產；獨裁也是十九世紀歷史的成果；專制卻是十九世紀所拋棄的渣滓，萬劫不復的惡魔。假使認爲獨裁的效率等於一百分；專制的效率常是等於零。不過，有過殖民地歷史而沒有過民主歷史的國家所實現的獨裁，會和有過民主歷史而不曾有過殖民地身分的國家所實現的獨裁，也許完全二樣。有人認爲現階段中國政治的現實是名副其實的國民黨獨裁。可是事實告訴我們：國民黨的獨裁只在立法程序和立法精神二點上算是實現了。行政方面似乎和獨裁間還隔着一個歷史階段。因此，把對於目前政治和行政現實的不滿當作反對獨裁政治的理由，未免有些文不對題！我覺得儘管反對者盡力反對，歷史的歸宿仍會遵循它自己內在的必然性。

第六　建設新中國法學之基本原則和前提條件

我們在沈派和反沈派的批判中提煉出來了新的世界觀，法律觀和方法論。並且把它作基礎，將現階段的中國法作了一種新的認識；更預言了今後的變化和出路。可是，這些都不過是第三階段或第三立場最一般的基本觀念。把這些基本觀念浸透法學領域每一特殊部門，並和每一部門應有的特殊意識互相結合，構成新的法學體系，或創造新法學，是第三立場所負修正法規任務之外的另一個任務，也是第三階段應有的現象。

中國成文法律發達很早；但是海禁大開以前中國沒有近代式的法學。海禁大開後，變法完成前，只有外國法學著作的翻譯，介紹和移植。外國法學的摘拾和祖述都是變法完成以後至於今日的現象。拾摘，祖述和翻譯，介紹並移植不同的地方，在於前者依然把它當作外國人的意識看；後者是直截把它當作中國人自己的意識，或中國法的意識看。翻譯是非自我的；但有非自我的認識。祖述是自我的；但不是覺醒的自我，結局只是無我。摘拾算不得體系。所以自海禁大開以來，大體上可說中國有法律意識，而沒有自我覺醒的法律意識，也很少有意識的體系。第三階段的法律意識第一應該是自我的，第二應該是覺醒的，第三應該是體系的。

因爲是自覺的，所以是自己創造，不是摘拾和祖述。摘拾和祖述是數十年來中國法學著書、講義、法學論文和教室講話的普徧現象。純粹外人一家之言的私淑或祖述，客觀上只是一種意識商人。主觀上儘管原義把握得十分眞切，第一不能使商人自身變爲工程師或工人；第二，被祖述的意識和祖述者之間沒有內在的關聯；第三是把原著社會背景所在的國家當作了意識上的宗主國，形成長他人志氣，滅自己威風，無形中作了帝國主義魔手的從犯。摘拾是百家之說的雜湊，甚或斷章取義。摘拾的結果，自摘拾者自身看，本來算是一種新事物的產生或創造。可是，這種成就決不是眞創造。因爲眞正自己創造者決不胡亂摘拾他人片言一語。這是人之常情，也就是眞理。所以，摘拾和無力創造是異語同義的。因爲摘拾者就是無力創造者，所以摘拾的結果：第一是主張和見解的前後矛盾或不一致；第二是概念和概念間的關聯不清楚；第三是概念和社會現實沒有關聯，有問題而不能作正確的解決。若從社會背景看，祖述和摘拾都和殖民地性質有不可分的關係。祖述和摘拾成了一個國家的法學著作，教室講話和法學論文的普遍現象，這正是殖民地風景。

誠然，目前的現實，像劉志剔先生的物權法論一般，始終經過了自己思維的著作，幷不是沒有。但那是例外，也是鳳毛麟角。這類著作，既不是祖述，也不算摘拾，根本與衆不同。與其畫入法學史的第二階段，不如認係第三階段的序幕或前奏曲，到覺得妥當多了。

自己創造自然不反對學習名家或其他勝於我者的創作，也不反對觀摩。因爲創造是把現在客觀上的最高水準作基礎的。客觀上現成的最高水準必須從學習中把握。觀摩常常是具有學習意義的。所以自己創造不僅不反對學習和觀摩，簡直是把學習和觀摩作前提的。

自己創造是自己直接反映現實，自己獨立構成概念，自己現身說法當作概念而活動，指導批判應行指導和批判的事項，解決應該解決的問題。這樣產生的著作纔不會有喪失時空和對象的毛病，也不會有概念化的傾向和抽象的弊端。雖然歷史告訴我們，只有不朽的名著纔能適合這個條件。但是，法學第三階段的中國是獨立自主的中國。似乎只有不朽的劃期的著作纔能在第三階段的法學史上留下痕跡。

因爲第三階段的法律意識是自我覺醒的，所以創造的材料在中國國境範圍內；認識的對象是中國社會的歷史，現實和理想，是中國的法律、判例、風俗、習慣、學說和思想，不是外國社會的歷史，現實和理想，不是外國的法律、判例、學說和思想。換句話說，創造者的感覺、表象、概念、判斷和推理構成的根據是中國的法律、學說、判例、風俗、習慣、思想和第二階段的著作，以及中國的歷史，社會和理想等等。

自我的創造決不反對把外國的歷史，現實和理想作比較的考察——不，爲着幫助理解歷史法則和社會法則，毋寧需要比較法制史，比較法制和比較思想史的研究。不過，異同比較的本身是沒有意義的。比較的目的在基因異同的發現而理解異同的原因，發展的趨勢和形成趨勢的原因。應該留意的是：比較過程中處處須和社會背景保持密切關聯。因爲只有在有關事物的關聯中作比較，纔能達到比較的目的，不致成爲捨本逐末。

自我的創造，需要創造者用來當作創造基礎的知識，一點一滴都是自己的。換句話說，必須用來創造的基本知識都是民族自我的反映。譬如目前的全民抗戰，在某種觀點，和歷史上的法國革命，美國獨立，蘇聯革命是具有同樣意義的事跡，也是二十世紀權利鬬爭的新形態。不過，因爲問題產生於二十世紀的弱小民族，所以形式和內容都和十九世紀的權利鬬爭有着顯著的不同：十九世紀最重大的權利是自由，二十世紀最重大的權利卻變成了生存；十九世紀權利的主體是單一的個人，二十世紀權利的主體卻是集體的民族；十九世紀的權利鬬爭是對內的，是對特權階級的，二十世紀的權利鬬爭卻變成了對外的，對侵略國的。這些不同的地方是歷史發展的結果。假使歌頌十九世紀的權利鬬爭，必然應該歌頌二十世紀的民族抗戰。今日的中國抗戰，對外是有形的抵抗侵略國過程，對內是無形的消滅封建專制遺孽的過程。若在抗戰時期，因爲沒有看見十九世紀前半的歷史復活於中國而太息，並且希望在抗戰成功後中國重演十九世紀前半的歷史劇，那便成了有眼無識，想叫歷史開倒車，簡直是時代錯誤。這種見解當然算不得是民族自我的正確反映。若把這種只知他人，不知自我的知識作本錢，來談自我的創造，那是沒有辦法的。

自我的創造需要把握自我現實的本質。譬如交通機關和娛樂場所買票，爭先恐後，擁擠不堪。這幾乎是中國普徧的現象。用常識眼光來看，自然沒有好處可言。但這決不是好不好的問題——至少，好不好的判斷不是第一次的問題；第一次的問題是：現象的本質或原因之科學的追求。若從這點着眼，這是一種很有意義的現象。因爲這是明白告訴我們：中國的都會多半是農業社會的城市；都會中的秩序多半是農業社會的秩序。把工商業社會的常識眼光作標準，農業社會是沒有秩序的。但這種看法只算是用工商業社會意識作標準來批評或判斷農業社會秩序的好壞，只是一種工商業社會的主觀或工商業社會常識的看法，算不得客觀的科學的認識。在客觀的學問的觀點看來，農業社會也依然有它的秩序。在工商業社會常識眼光中認爲沒有秩序的地方，它本身也就是一種秩序。工商業社會意識中認爲沒有秩序的地方只算是沒有人爲的秩序或工商業社會的秩序，自然的秩序或農業社會的秩序還是有的。工商業社會常識所以會認爲沒有秩序，因爲工商業社會秩序多半是人爲的；農業社會意識中所以不覺得它是沒有秩序，因爲農業社會的秩序多半是自然法則的表現所形成的。爭先恐後是賣氣力的事情；氣力不夠或根本不賣氣力的人必然會落後。這中間就有一種秩序。這種秩序是把氣力的大小作標準，不是把到場的先後作標準；是把「擁擠」作表現形式，不是把「魚貫」作表現形式的。都會中的秩序把氣力大小作標準，這當然算是都會中推行着農業社會秩序。假使想用人爲的秩序——「魚貫而行」來代替，必須要有這樣一種「人爲」——警察干涉，或社會教育國民教育。我們看清了這種本質，充其量只可以說：工商業社會的秩序文明，農業社會的秩序野蠻；今後的中國亟待建樹工商業的社會秩序，建樹的方法是警政和社會教育國民教育雙管齊下，尤其需要工商業健全合理地充分發達，只是絲毫用不着嘆息和悲觀。

自我的創造，需要把握一切有關的社會科學知識，並融會貫通。這是沈派和反沈派雙方的缺點。反沈派中人士的法制史著作根本和近代科學無緣。浸透一般法制史著作的只是農業社會的經驗和常識。今後法制史學的建設，第一步需要把法制史科從常識的經驗的眼光籠罩下解放出來。這件事若沒有社會科學知識的修養是辦不到的。沈派的法律學都只作到了現象學的地步，本質上是抽象的、靜的、形式論理的、純概念的，並且極度粗製濫造，既不深刻又不完全。最進步的也不過只是接受了金融資本主義社會的法律意識之片段。這種著作對於產業資本主義社會的法律、法律觀、方法論雖多所批評，但對於金融資本主義社會的一切都是從正面肯定的。這種著作，雖然少了一種靜的缺點，但是內容既然不能脫出解釋論的境界，客觀上是無意識的犯了抽象和下物上心二大毛病，主觀上簡直和哲學科學都脫了節。這當然是由於著者眞有一般所謂補助科學的知識和哲學修養的似乎少見的緣故。然而沒有應有的社會科學的知識是沒有法子談自我創造的。

因爲是體系的創造，所以創造者需要意識的把握方法論。本來，人類的頭腦自身中是蘊蓄着法則適合性的。這法則適合性也可說是經驗的結果。思維相當發達的人們，縱使沒有學過方法論，思維的路綫都會或多或少適合法則。反沈派沒有意識的方法論，但是反沈派會把法律和社會不適合，法律和歷史不聯接二個問題當作反對沈派的理由。同樣，沈派也沒有意識的把握住方法論，但是沈派會把立法政策當作擋箭牌。這都是人類頭腦合法則的可能性很好的證據。

不過，可能性是正反同時存在的。人類頭腦雖然一面保有合法則的可能性，同時也包藏着反法則的因素。這反法則的因素也可說是經驗之偶然的眞理性之結果。沈派太看重了政治對於法律的本質性，忽略了政治對於社會的形式性，所以免不了反沈派要把法律和社會不適合這問題作理由來反對。反沈派太看重了法律對於社會的形式性，而不知政治對於法律也有本質的作用，所以儘管叫破了喉嚨也得不到立法政策的共鳴。這種缺憾的塡補只有把握方法論。

方法論本來不過是整理了的思維法則，也只是指導思維的技術。然正爲的是已經整理了的思維法則，假使意識的把握住了，可以避免和發現思維的謬誤；也正爲的是指導思維的技術，假使意識的把握住了，可以節約思維的浪費和幫助思維的深入。不過，方法論上所謂質和量，本質和現象，形式和內容，根據和條件，目的和因果，作用和反作用，可能性和現實性，必然性和偶然性等等一連串範疇之抽象的把握，並不是困難事。困難在：一切社會現象都不外是這幾個範疇的交互錯綜，互爲因果。應用的時候，特定範疇內容的性質和交互作用質量的確定，不僅需要有正確的世界觀，還要對於社會科學各部門曾有相當廣泛而深邃的理解。沈派對於反沈派所提出的不聯接和不適合二個問題，始終採取銷問題的態度，而不自知其危險，爲的是沈派不知殖民地身分是近百年來中國社會的本質。反沈派所以始終不自知其自己的背景只可求之於自己腦海的冥想和幻想，或百年前閉關時代的歷史中，而不能求之於現實，也爲的是反沈派不知中國現實社會的本質不是直觀感覺的農業社會，而是包容這個農業社會的殖民地身分。所以方法論之正確妥當的運用決不是一件容易事。

沒有方法論既然是沈派和反沈派共通的缺點，方法論之意識的把握和正確妥當的運用，應該是第三階段或第三立場的特色，也是體系構成必不可缺的條件。假使第三立場沒有方法論和方法論的正確運用，結果必和沈派或反沈派殊途同歸，趨於平庸。充其量只有產生東扯西湊的解釋論和常識論的可能。換句話說，沒有方法論及其正確的運用，就算不得是具有歷史意義的第三立場；沒有把握住方法論和不能正確運用方法論，也就不算是站上了第三立場；體系的構成亦必失敗無疑。

這裏必須附帶聲明的是：科學的方法論和第三階段的世界觀及法律觀是有着分不開的關係的。假使把握住了方法論，而抱着和第三立場不同的世界觀和法律觀，體系構成的使命也是沒有法子完成的。我們雖不妨承認二元論，機械論，和一元的唯心論，客觀上有其存在的餘地，並願預言物質建設相當成就，社會和政治已上大軌之後，機械論，二元論，甚至一元的唯心論將來很有盛極一時的可能，但是同時也願意肯定：此時此地能夠繼承歷史的正統的只有新的世界觀，法律觀和方法論的把握者。

事實告訴我們：比較高深的法律意識之保有者，一面是名士，是學人，同時是官吏候補者；一面是學問的探討者，同時是教書匠。我雖不妨承認學人作官是學問之實踐或知識之深刻化，但是大體說來，學人和官吏候補者，學問探討者和教書匠，都是同一體內的矛盾因素。法學各部門全體系的建設，事實上需要從基本觀念的創造出發。這是十分艱鉅的工作。為着完成這種使命，需要從矛盾中解放出來。換句話說，需要消滅或減少每一學人或學問研究者內在矛盾之一因素——官吏候補者和教書匠的成分。前者的辦法，除有關的各人自己改造心理之外，需要國家制度把大學教授當作一種文官，或者限制大學教授作官而改善其待遇。後者的辦法，需要每一學人變更淺薄的萬能心理，專在特定部門最高水準的創造上用功夫；同時需要法律學院系的主持者不任意變動每人所授科目，使有較長的時間能從事於比較深刻而縝密的思維，國家制度的問題這裏姑且不談。大學本身的問題似乎是很容易解決的。只要大家的目的都在為國家社會服務，我相信各人所見決不致於彼此逕庭。我覺得必須大學法律學院系的行政上把「不任意變動每人所授科目」當作一個原則，然後新中國的法學之創造纔有可能性可言。使「不任意變動每人所授課目」成為今後大學法這是站在律學院系行政上一個原則是大學法律學院系關係者的權利，同時也是一種義務。這是站在負擔創造新中國法學的使命之立場應有的結論。

附錄

一　西洋法律的輸入

二十七年六月五日，中華法學會第七次常會決定把「抗戰及抗戰以後法律問題」的研究當作目前的任務。這雖直接僅係戰時法學會雜誌內容重心之決定，實爲整個思維動向之表現。我們回頭檢閱中國法律史，在史料家眼光中，近三十年的法律制度和中國原有的舊法律不相銜接，大有中國原有法律已經亡國的神氣。中國法律的發展是否仍循蹈近三十年新法所開闢的途徑繼續進行，或者抗戰勝利後，中國原有的舊律或舊律精神有復甦的可能，是根據中華法學會的提示引伸而得的一個值得討論的問題。而確定或再認識近三十年中國法制在中國法律史上的地位，實爲討論這個問題的起點。

翻開二十五史追求中國法律發展的軌跡，我們可以得到一個簡單的結論。這結論是自有史以來，迄於遜清光緒年間的大清現行刑律，其間大部分全係循環，雖有漸變而無突變。自宣統二年大清新刑律產生後，直至今日，其間時有發展，不過也是漸變，不是突變。但是大淸新刑律及其以後一切新法律對於大淸現行刑律及其以前一切舊律具有突變的性質：二者的形式和內容本質上互相矛盾；前後交界處並且呈現不能混同的鴻溝。

這鴻溝是以企圖撤銷領事裁判權的形式表現出來的。原來淸末變法的時候，爲求自躋於文明之域以達撤銷領事裁判權之目的，一切法規的形式和內容，直接模仿日本，間接效法西歐。中國舊律的原則和精神，在起草者心目中毫無存在餘地。民國成立以後，本此精神，繼續創製。至今近代式的法典早已進入完成境地，傳承數千年的舊律隨着成爲歷史上的名詞。

這個劃期的轉變，雖以撤銷領事裁判權爲承前啓後的關鍵。但中國法律的近代化，另有其內在的必然性。這個必然性的現實化和撤銷領事裁判權的企圖互相結合，純粹是偶然的事實，換句話說，撤銷領事裁判權的企圖，雖然是中國法律近代化的機會，中國法律近代化並非無撤銷領事裁判權的企圖卽不會實現。縱使中國歷史上沒有領事裁判權問題，中國法律的近代化亦必或早或晚隨着社會之近代化而實現。從這點說，撤銷領事裁判權之企圖和中國法律的近代化，本質上係二件各自獨立的事實，應該當作二個問題看。

不過，中國法的近代化既以當作撤銷領事裁判權的手段之形態而實現，這二問題亦卽因此發生密切關係。這關係是近代化其自身既帶有達到特殊目的的手段之性質，近代化的內容及程度自亦爲其目的所決定。中國現代法律的內容，初期仿自日本，後來效法歐洲。

日本明治大正間法規的模型，大體上不外取自德、法二國。法國法是十九世紀前半期世界法律的典型。德國法是十九世紀後期及二十世紀頭初世界法律的模範。所以若用世界眼光來看，中國現在法律的內容都是些當然的規定，沒有什麼新奇。於是，變法所產生的問題轉歸到法律和社會的關係一點上。

法律和社會的關係這問題，可從立法的本質和法律的目的或作用兩點上看。若用含有判斷性質的用語和疑問的語氣來規定，前者可用「立法是紀錄社會現成秩序（風俗習慣）還是創造新秩序」？一問求解答，後者亦可使用「法律是便利國民生活的還是擾亂國民生活的」？一問來表明。不過，這二問題都是政治哲學和法律哲學上的問題，和國家及法律的本質論有連帶關係，解答紛紜，幾乎是先天的屬性。大體說來，這二問題的答案，多數人的態度不外肯定一方，否定一方。認係記錄社會秩序的，必不願意法律規定與現成社會秩序相反，當然也不贊成有擾亂國民生活的法律。這個立場和機械的唯物論有一脈相通之處，故易為多數人意識或無意識地採用，常占優越地位。

事實告訴我們，以機械的唯物論為基礎的認識既不完全，也非眞理。立法的本質是記錄現成的風俗習慣，也是創造新風俗習慣；法律的目的和作用是便利國民生活，也是擾亂國民生活。例如刑法第二三九條關於有配偶者通姦的規定，可以說是擾亂幾千年傳統的男性生活秩序和舊家庭秩序，破壞現成風俗習慣；同時也是創造新社會秩序。是擾亂若干人的生活，也是便利若干人的生活。這裏還要附帶說明的是刑法第二三九條的存在，原有「面子」和「裏子」二種看法。一般人大都認爲第二三九條寫上刑法，爲的是中政會和立法院要敷衍婦女團體的「面子」，其實是最無道理的一條。依這種看法，根本沒有引以爲例的價値。不過，我以爲第二三九條已隨刑法之公布施行而獲得規範性，和草案審議時根本異其性質。誠然，人與人——婦女團體的羣衆和中政會委員及立法委員間的心理過程，或許只有用「面子」二字來表現最爲正確而妥當。但是這個「面子」的背後預先就有「裏子」存在着；「面子」不過是「裏子」的一個屬性或「裏子」的表現形式。沒有「裏子」是不會有「面子」的。這「裏子」當然不是婦女代表的說話動人，自然更不是單純因爲有要人的太太在內。這個「面子」是時代的產物；「時代」就是這個「面子」的「裏子」。

清末以來輸入西洋近代的法律制度，架設於中國宗法封建社會組織之上，其本質當然是破壞傳統的風俗習慣，擾亂習於舊有風俗習慣的民衆之生活。這事情理論上原是許可的。事實上自然不方便。在理論和事實互相矛盾的地方，決定的條件不是事實，也不是理論，是政治的需要或政治政策。所以大清新刑律草案告成之後，當時的學部及直隸，兩廣並安徽督撫均奏請再行改訂，「以維綱紀」，而沈家本卻說：「……爲收回治外法權起見，自應採取各國現行常例……」。不過領事裁判權之撤銷是對外問題，法制的變革是對內問題。由於企圖撤銷領事裁判權而變法，這其間的因果關係是非常特殊的。嚴格說來，實在聯不起來。因此沈家本又說：「……其有施之外國，不能再行加嚴，致背修正本旨，然揆諸中國名教，必宜永遠奉行勿替者，亦不宜因此致令綱紀蕩然。均擬別輯單行法，藉示保存……」。大清新刑律和附屬的暫行章程並行就是這個計畫的實行，也就是這點矛盾的暴露。

社會是不斷進步的。不僅新法施行後即已成爲中國的法律，並且時至今日，事情又大大不同。因爲大清新刑律產生後，接着是帝制的清室退位，民主的民國成立。此外歷史上還有過新教育的改革和發展，有過新興工商業的發達，有過以新知識者，學生及工商業者爲要角的五四運動，有過奉行三民主義的國民革命軍北伐和統一，有過新社會科學知識的種子的散布，現在還有完成啓蒙運動最後一幕的全民抗戰在繼續着：這些歷史的新事實都是有利於新法律的鞏固和發展的。我以爲國府奠都南京後，新法的政治基礎已經由外在的變爲內在的了。民國十七年舊刑法施行時，沒有和大清新刑律的暫行章程，民國暫行刑律的補充條例內容相當的條文或特別法存在，也沒有人反對，這就是鐵證。歐戰前後已經有新興民族的產業作爲新法的社會經濟基礎了，問題只在量而不在質。時至今日，勞工大衆，自由職業者，學生，新興的工商業者和新知識者已經意識或無意識成爲新法忠實的推行實踐者，尤其是再顯明不過的事實。現在可能提出的問題，應該是嫌惡中國現行法太溫和而不急進，或是懷疑現行法的精神和態度不足以副三民主義國家現階段的目的之期待。

所以西洋法律制度雖然以企圖撤銷領事裁判權的形式輸入中國，但在當時誰也不能預料有足削而履久不適的現象。三十年後的今日尤其找不出「反芻」三十年前的懺悔之理由。

不僅是輸入的西洋法律制度已經成了中國的法律制度，就是所謂中國固有的舊律也不是古今中外無與倫比的獨創物。這裏需要解剖舊律。爲着節省時間，直截借用楊鴻烈著中國法律發達史中所舉中外人士關於中國舊律的特色之提示來說明：

楊氏說Bashford曾指出中國舊律有十大特色：一，每一犯罪幾乎都有身體刑；二，刑罰以嚴厲爲原則，不過有時也可減輕；三，法文都是具體的規定；四，法律在國內有最高的權力；五，司法管轄權常受各省政權的限制；六，皇帝的命令超越一切現成的法規；七，沒有辯護制度；八，社會對於犯罪要負責任；九，司法和行政不分立；十，訴訟程序彙營司法管轄的作用。淺井淸氏在他的中國法典編纂沿革史中也提出三點：一，公法規定多於私法規定；二，法典中有非現行的規定；三，法律中多含道德的成分。高柳賢三教授在他的法律哲學原理中舉出四點：一，司法獨立的思想未發達，行政和司法不分立；二，司法官的裁判重心放在自己具體妥當的認識上，並不把法規當作最高或唯一的標準；三，辯護制度沒有發達；四，民事事件的調解思想很發達，因此障礙着「爲權利而鬬爭」的思想之發生及發展。王世杰教授也曾指出四點：一，法律道德合一；二，習慣法和成文法並行；三，罪刑不法定，用比附援引作論罪科刑的方法；四，法典中有非現行的規定。這些指示至少可以當作中國舊律特色論的一斑。遺憾的是僅止於特色的列舉，未進一步探尋其本質。

本質的暴露是必要的：否則不能解答「這些特色是否中國舊律所獨有」？這疑問。我們知道體刑的廢除是刑罰人道主義提出的要求。刑罰人道主義又是天賦人權思想的產物。中國舊律以體刑爲中心，正所以顯示中世刑罰的殘酷性。刑罰以嚴厲爲原則是封建的威嚇主義重視刑的實踐之結果。重視預告罪刑的一般威嚇說和心理強制的理論，是Feuerbach氏說明以反抗中世刑罰制度的姿態而出現之近代刑事制度的新說。所以嚴厲是中世警察國的特質，無待多言。法條規定的煩瑣而具體也是中世的特色；因爲這和嚴格的報償主義是有密切關聯的。司法管轄常受各省政權的限制，也只是表現近代的統一國家沒有形成。皇帝命令高於一切法律，正是專制政治的特色之呈露。因爲專制政治根本就沒有法律和命令的區別：法律也是命令，命令就是法律。習慣法的存在，也可由此理解。未設辯護制度當然是無人格觀念的警察國精神之表現。因爲辯護制度是以國家承認犯人有當事人地位爲前提，和糾向主義根本不相容洽。司法和行政不分立，不過使人多一認定中國舊律是適應封建政治，農業社會，有人民無人權的時代的證據。道德與法律不分就是中世特有的現象。近世以來的法律道德分離論原是以此爲攻擊對象而產生的。一言以蔽之：中國舊律的特色都和專制政治有分不開的關係。都是專制政治直接間接的表現。專制政治不是中國歷史上的特產，舊律的精神自然也不是中國獨有的。

這裏有一疑問。這疑問是中國舊律中有沒有中國民族獨占的特色？外國專制時代的法律中找不出來的地方？我的答覆是：可以說有；也可以說沒有。爲什麼說有？因爲理論上封建政治和專制政治這概念，含有一般或普徧的性質，中國的專制政治和西洋的專制政治各爲普徧中的特殊概念，互不相同。這不同的地方就是各自民族的、地理的、氣候的、社會經濟的以及文化史的結晶，所以說有。爲什麼說沒有？因爲理論上可以承認的特點始終只可求之於觀念中的想像，絕難具體指出。槪之，法律制度是社會的上層，和各自特色的關係已經是間接的，不是直接的。本來就是幾微得不易確定指出的東西，更要隔着幾層障礙物去摸索，結果的報告自然是消極的。

不但中國舊律的主要內容不是中國所獨有，就是中國法律由舊律發展到近代式的法典，也是必然的。這只要看看中國現代法律的主要特色，就可明白。

站在和中國舊律對比的觀點看，三十年來近代化的中國法律之特色是：一，法律和道德分離；二，法文規定概括而抽象，刑法規定尤其顯著；三，司法行政分立；四，法律和命令分立；五，成文法律優越於命令，風俗及習慣，刑法且排斥命令，風俗及習慣的規範性；六，法律的成立必須經過一定的立法手續；七，廢止體刑和流刑，以自由刑爲中心；八，法律之前萬人平等；九，在法律範圍內各人有絕對自由；十，自由和權利的限制須以法律爲根據；自由不得拋棄；十一，法律體裁複雜，內容豐富。這些特點，誰也可以不假思索斷定大半都是民主政治，法治思想，自由主義，個人主義的必然產物。

現代法律這些特點，若和上述中國舊律的特色關聯起來，可以說：個人主義是家族主義的對立物；自由主義和專制政治是互相矛盾的；民主政治是君主政治的尅星；法治思想是禮治思想的催命符。假使在社會發展史上的過程，民主必然繼君主而起的話，中國清末的社會不發展則已，發展則不能舍此唯一的路線——民主、法治、自由及個人主義，而別擴新徑。這樣說來，中國法律的發展，並且變成現在的姿態，也是必然的。

雖說是必然的，可是傳承數千年的古物一旦廢棄，不僅使懷舊情深的中國人傷感，且易引起是舍己從人，盲隨西洋的誤解，從而發生中國舊律斷非絕無可採之處的疑問。不過事實告訴我們，使舊律和現代法律互相對立的只是上述幾個基本原則。若自另一面觀察，舊律和新法在形式上雖由單一體變成五花八門的複雜體系。全部綜合起來，新法對於舊律的內容，有拋棄了的地方，有增加了的成分，也有保存了的因子：婚姻制度，親屬關係，財產制度和國家制度都是保存而又更加複雜嚴密了的部分；關於私有財產社會的機能規律之部分，十九是新增的！拋棄了的都是些歷史的渣滓，值不得保存的。所以，中國變法只算是中國法律歷史自己的發展，並沒有棄舊律如敝履，更不是張冠李帶。雖說這種認識和當時事實不符，當時起草者根本採着厭惡舊律的態度，但這不過表示起草者並未意識這點，事實是不問起草者意識與否而獨立存在的。專工記錄起居行動總是從來中國史家的缺點。史識應該是認識主體對於一切認識對象認識的結果。

在屈指可數的中國法制史的著述中，近三十年的中國法無不處於特殊地位。這是值得注目的。可惜的是關於本質及其和歷史的關係，尙在各執一說或見解不明的混沌狀態中。我們把各家關於法制歷史階段畫分之方法檢查一下，即可發覺大多數都用政治上的朝代畫分法律發展的歷史階段。這種辦法，假定不錯，也是旣偶然復間接的。其不能在法律歷史中探求發展法則，不待多言而明。中國法律迄於淸末而絕祚的觀念也許就是這樣意識或無意識形成的。

中國新法律已有數十年的歷史，而法哲學及法律史學的建設尙屬今後的任務。儘管習法者能知外國法及外國法律家甚多而且詳，卻不一定知道中國法律史，和法學史上有個沈家本。這不能不算是中國法律學教育的失敗和恥辱。我們切感挽回失敗和洗滌恥辱的需要。我們尤其需要用更正確的眼光和更大的努力，別開生面求出路。若專在現成的法學水準尤其是法律史學水準下討生活，總覺得害多而益少。

（二十八年三月五日出版今日評論週刊第一卷第十期所載）

二　舊道德與新法律之矛盾及其歸宿

設有一對青年夫婦或情侶，攜手並肩慢步於昆明街頭，其狀怡然泰然。見者必或滿腔同情，心嚮往之；或羨妬交集，自愧勿如；或習常見慣，熟視無睹；或守道懷德，詆爲放蕩無恥：此爲假定，亦屬事實；此爲社會心理之現實相，亦卽社會矛盾之反映圖。不僅昆明人對於外來人如此，外來人對於昆明人，昆明人對於昆明人，外來人對於外來人，亦復如此。不僅昆明如是，全國各地大抵皆然。不僅男女關係如此，其他社會關係亦非例外。同時同地對於同一事物之認識，矛盾一至於此，其主因非由貧富貴賤，智愚賢不肖之各殊，而在是非善惡之判斷標準彼此有別。

此一幅矛盾圖，原可自中國社會經濟結構及歷史中尋其種子，可從各人之社會環境探其根苗，可從政治組織及政治史發現其基礎，可在法制形態及法律史中獲得其妥當性的根據，亦可從時代及社會意識形態中找尋其因素。故就其因果關係言，可認係產業落後使之然，可認係自由主義，個人主義及民主主義尚未浸透於社會深處之結果，亦可認係新法律與舊法律，新道德與舊道德衝突之表現。若專從社會規範間之關聯着眼，顯然爲新道德與舊禮法(禮教及律例)或新法律與舊道德互爭雄長之局面。

原來舊社會有父要子死子不得不死之明訓，而依新法律，父致子死亦屬殺人罪；舊社會以三年毋改於父之道相勸勉，新法律則承認滿二十歲人不必服從父母之監督與指揮；舊道德以男女行不同途，坐不同蓆爲誡條，新法律則慫恿男女社交公開自由；舊習男女結婚，必待父母之命及媒妁之言，新法律則明白規定婚約應由男女當事人自行訂定；舊俗以納妾生子繼祀爲孝道，新法律則以一夫一妻爲正義，予夫妻雙方以平等獨占對方貞操之權利；舊社會鼓勵婦女從一而終，認爲失節重於餓死，結婚與「同偕到老」含義相同，新法律則允許寡婦出嫁及戀愛，並有離婚制度之樹立；舊社會提倡女子治內，夫爲妻綱，新法律則容許婦女參政，承認界女平等；舊社會重視君親師及士農工商之等級，新法律則認爲人格者一律平等，職業地位悉無忝於人格之完全：凡此種種，均不外顯示舊道德與新法律勢若水火：舊道德之提倡無異新法律之廢棄，新法律之推行卽爲舊道德之淪亡，二者絕難並存。

於此有一疑問，卽舊道德與新法律孰是孰非？孰善孰惡？此一問題之解答，若能不以任何人之直觀爲標準，不以個人主觀空想的理想國爲前提，不以個人之利害得失爲準繩，不爲尙古非今之態度所拘囿，不爲西方東方等地域觀念所矇蔽，則合理的解答必共趨於新法律善，舊道德惡；新法律是舊道德非之一途。蓋新法律及新道德與舊道德衝突之處悉爲個人主義，自由主義及民主主義諸原則適用於新法律及新道德之結果。若不否認個人主義，自由主義及民主主義爲打開封建社會，家族制度及君主專制政治殭局之方法，不否認中國近百年史上之康、梁維新，戊戌政變，武漢起義，護法運動，以及十七年之北伐，前年之發動對日抗戰，其一貫線索不外自由平等及民主實現之企求，則新法律優於一切舊道德之信念宜不致於放棄。

自另一面觀察，社交公開，男女平等，推翻舊禮教等等乃五四運動之重要內容。五四運動已成歷史陳跡，而問題不僅仍不出於問題之境界，反因流弊所屆產生一種放蕩而不自律的社會關係或男女關係之型類，使問題之性質益趨惡化，致爲世所詬病。所謂新法律亦非驟產於昨今。清季以還，起草、修正、公布、施行、並經一再改正，已有數十年歷史。而法律自法律，社會自社會。在鄉村及帶有地方性質之都會中，新法律遠不若舊道德之深入人心，爲一般所重視，爲大衆所服從；少數帶有現代色彩之都會及其鄰近區域中，僅見有法律之惡用與濫用，其本質無異違反法之精神，絕少從正面接受新法律，體會其精神以爲自己行動規範者。此類現象，自五四運動言，決非五四運動之目的；自新法律言，亦決非新法律本旨之所在。易詞言之，現實社會之人各道其所謂道，德其所謂德，新道德建設未成，舊道德破壞未盡，新法律與舊道德各有其是非善惡之標準，互不融洽，決不能歸咎於新道德或新法律之本身，亦不能謂由於建設不力或執法不嚴，卽國民之心理與行動亦非原因之起點。

然則其故安在？曰：因爲列強之壓迫與榨取，致使民族工商業不能健全，合理依計畫而發展，新的社會基本秩序無法形成，整個社會不能上軌道。因之五四運動之理想雖佳，苦無足以使之實現之條件；新法律之目的雖善，苦無與之互相適應之社會基礎。故新法律及新道德與舊道德間矛盾之解消，不在前者之自己修正，在於舊道德基因其依以存在的物質基礎之消失而自動遜位。惟舊道德的物質基礎之消失，復以一切生產事業近代化現代化爲前提。其尙有待於抗戰的最後勝利之獲得及今後物質建設之努力，不言而喻。

爲今之計，其唯坐待抗戰之勝利及物質建設之完成？曰：否。吾人非法律萬能論者。雖亦深知法律不能任意使男女變更其生理上之性別，亦無法命令山水、草木、蟲蛇、鳥獸作爲或不作爲。然知法律確爲道德存立基礎之一因素，對於道德之形成及改造，消極的積極的均有決定的作用。尤不否認社會改造之人工的作用。故雖不輕視司法過程中推行新法律，創建並維護新道德之機能，亦決不忘記法律知識之普及，對於舊道德之破壞及新道德之建設，均有絕大幫助。此點根本上似尙有待於廣義的法學教育政策之建樹，端賴社會教育機關，民衆教育機關，文藝作家，師範教育及中小學之共同努力。至於時髦中毒者之已經或行將自覺其物質基礎之虛無，形式之恣放而不合應有之定型，轉而反省自求其軌道，並從大我之建設及改造中謀小我之適合及鞏固，似亦必然之歸趨。

（二十八年四月二日雲南日報星期論文）

三　人治禮治與法治

中國企求法治，坐言起行，垂三十年。而據目前現實所昭示，一般國民日常生活之軌範，首重舊有之社會生活習慣。習慣所不能決或根本違反習慣者，始訴之於紳董或國家機關。紳董解決問題旣各有其自以爲是之標準，國家機關之態度，人情私利復常優先於法律公道。在另一面，創製法律雖爲國家機關之特權，公務人員並未勇於履行不用命令變更法律或不違法行動之義務。法律之拘束力限於對民，而少及於官。司法官僅有專門適用法律裁判國民的違法行爲之權利，對於公務員私人違法行爲之檢擧及制裁，常懷心有餘而力不足之遺憾。此種現象，自前者言，乃人治禮治與法治三元並行之結果。自後者言，則爲人治優先法治，甚之超「人治」的怪現象。

人治、禮治及法治三原則原各有其獨特的歷史使命及社會背景。大體言之，人能通權達變。故漫無秩序或習慣及典制不備之社會尙人治。禮以習慣爲形式，積漸習常爲必要條件。故進步滯緩，崇尙自然，無爲而治之農業社會適於禮治。法律雖亦不妨以司法機關裁判之習慣爲存在之形式，然在技術上及功用上習慣法均不能不讓成文法一籌。蓋成文法之創製，變更及廢止，不惟指顧可成，且有週知較易，含義廣泛而顯明之特色。故最宜於日新月異之工商業社會。人之精力有限，且復不能全免感情作用。故習慣可以補人治之缺憾。習慣貴簡而忌繁，難成亦復難變。成文法正所以濟習慣法之窮。人類政治史中人治所以爲最幼稚之統治形態，蓋卽爲此。法治所以克服習慣或禮治，要亦職是之故。

人治之究極的意義不外命令高於一切。人治爲專制政治之本來面目。一部二十五史關於政治之記載，在某種意義卽爲人治史或命令高於一切的史實之寫眞。漢、唐以來，律例規定雖稱綦詳，其本質不過爲一種爲命令大全，且以對於特定之問題無特殊之新令爲限，始獲適用之機會。惟以其爲人治之故，不容有所謂違憲及違法觀念存在。三十年來，能本法治精神，一反命令高於一切之舊習，而遵法律高於命令之原則者，大體上唯立法及司法機關堪稱差強人意。行政方面，官無大小，幾以發布違法命令及藐視法律爲正義。紳董毋論矣。若人治之本義原僅限於唯一最高首領之命令高於一切，則三十年來之現實不失爲一種超「人治」的「人亂」。

人治與法治，就其各視爲最高無上之標準一點而言，二者莫能相上。然非謂崇尚法律卽不須有行法之人。顧最高標準爲一事。適用標準於問題之解決或依標準而行動另爲一事。法律不能自行。法律之公平適用常以適用者之品學爲前提條件。人治、禮治及法治三名詞，抽象觀察雖似各自獨立，互不相涉，實則名詞含義範圍之確定常與其發生的原因及歷史有不可分之關係。法治在歷史上產生於人治及禮治之後。故言法治須不忘記其以人治、禮治爲前提，復從而克服之的歷史過程，其義始能完全。易詞言之，所謂法治乃指人的行動須以法律爲最高標準，非謂不須運用之人。若因「有治法尙須有治人」之事實的需要，誤解法治爲「人法兼用」或「人」「法」二元並行，殊失其本義。

禮有廣狹二義。「節文」之禮爲舊日士大夫階級所獨有，根本「不下庶人」，與所謂「不上大夫」之「刑」爲同位名詞，其對象範圍互不相同，而均爲現代法律對象之一部分。廣義言之，凡屬人與人間及人與物間社會生活之習慣均不妨名之曰禮。果爾，則禮與社會生活習慣異語同義，與法爲對稱名詞，對象範圍大體相同。惟法律爲國家生活之規範；禮爲社會生活之規範。二者內容相通之處雖可互相適應，矛盾之處亦不妨互相對立。就其相互關係言，不反公共秩序（法律）之風俗習慣不僅以法律爲其形成之重要因素，且以法律爲其最後之保障方法。故苟非激急變革中之過度社會，法律與習慣之基本原則應少不同之點。法律與習慣之矛盾現象唯可求之於社會形態激變階段，新舊交代未清之際。目前中國法律與一般社會習慣常相矛盾，蓋卽由於法律變革迅速於習慣轉換使之然。

在視禮與法各爲最高標準之前提下，二者同時並行，或將互相矛盾，難定一尊。然非謂崇法律卽不必有習慣。與法律互相矛盾的習慣之存在固足以阻礙法律之推行；法律之徹底浸透民衆意識，成爲普徧的社會行動規範，亦須以與法律互相適應的習慣爲先鋒。否則法律之妥當性，在大學不易出於筆寫口述之境界，在法院不易爲當事人以外之第三人所接受。甚之立法者、司法者、教法律者、學法律者以及其他以法律爲業者亦不能保證其自身行動之法律化。眞正法治之實現，需要適合法律精神的禮（包含政治及社會生活習慣）之迅速形成。惟此所謂禮，與其認爲與一般縉紳先生心目中之所謂禮含義略同，毋寧認爲與新生活運動綱領之內容及精神同其出發點，較爲妥當。

與民主主義互相結合之法治雖爲近代之產物，然法治與民主並無不可分的關係。此乃歷史及現實雙方所昭示。易詞言之，民主的法治雖爲中國近數十年以企圖近代化現代化之姿態表現出來之政治理想，然法治之思想歷史上早有其根苗。所惜儒家以王道爲骨幹，詆法家爲刀筆，刻薄寡恩。此種見解適與農業社會的需要相符合。法治思想遂在歷朝重農輕工商及尊孔政策之重壓下，始終不振，不克與人治禮治的思想及現實抗衡。今日現象之形成，傳統的歷史惰性實一要因。

目前的現實雖爲歷史所決定，今後之歸宿則以當前之現實爲出發點。「人」「禮」「法」三頭並大固屬矛盾，法律與命令並行——一面崇尚法律，且有一定之創制機關及手續，同時行政人員及紳董均有發布超法律違法律的命令之特權，亦一矛盾。綜合觀察，矛盾之本質乃法治與專制的人治之分流，亦卽近代化與反近代化傾向之對立。就事論事，後者之質若量均居優越地位。表面上雖未至亦未必回復專制舊面目，實質上則較回復舊軌尤爲惡劣而深刻。此深刻之處蓋卽近百年來中國之次殖民地地位使之然。

在抗戰已逾二年之今日，對外獲得獨立自主之願望與信念，已日近實現境界。政治學者間邇近復有「政治制度化」或「機構化」的要求之提出與討論。政治機構化之實現乃人治、禮治的歷史因素之去除。抗戰最後勝利之獲得則爲殖民地的身分之璧還。若能再與物質建設之努力，封建意識及習慣之清掃，新法律之意識化（由條文變成社會意識），新習慣之形成，教育之普及，國民知識程度之提高及生活水準之向上等條件互相結合，「法」「禮」

「八」三位一體的眞法治之全面實現，自有其必然性。

（二十八年七月九日雲南日報星期論文）

四 憲政與農人

自二十八年九月國民參政會第四次大會提出實施憲政問題，並有所決議後，憲政贊否之意見及其具體問題之探討，形成抗戰後方論壇上一大時潮，其中且復蘊藏令人不易忽視之矛盾因素。假使承認特定時間空間乃特定具體問題及其答案之一屬性，則論壇上關於憲政問題之意見，可分爲：憲政卽成同意論與憲政卽成反對論二大陣營。雖曾有人解「憲政卽成反對論」爲憲政懷疑論，然此時此地的反對論之絕對性並不因此種解釋而喪失，有如特定時空中對於特定問題的意見之時空性並不因主觀上之任意分割而喪失。

自理論言：憲政卽成贊否之結論須以憲政卽成之實在的可能性有無爲根據。同屬此時此地關於憲政問題之解答，宜無發現性質迥異的正反二說之可能。同時產生之正反二說中：假定憲政卽成說爲眞理，則反卽成說非眞理；若反卽成說爲眞理，則卽成之主張實爲眞理之僞造。正反二說同時存在之現象，足爲第三者認定其中必有一說認識不足或別有原因之證據。

歷史過程指示吾人：憲政乃必然追隨專制政治而起之政治形態。中國之專制政治或早或遲必爲憲政所代替。此乃歷史法則所規定，亦卽歷史社會發展必然之結果。歷史社會之法則乃歷史社會內在之法則，亦卽超越若干人的意志意欲之偉力。就前者言：適當時期中的憲政之實現僅可發現要求與歡迎，絕難產生反對與懷疑。就後者言：反對之呼聲唯可發生於專制政治自身之殘餘集團中；反對之根據亦決不出於一己私利之範圍。故在正反二說同時存在之際，不妨循贊否之呼聲以追尋贊否之發言人；復從發言人之言論及社會地位中確定其所代言之利益；更進一步解剖其主張與其自身間之利害關係，藉以把握問題之性質與眞象。

事實指示吾人：除若干認識不足，隨聲附和或忠於學術者外，認眞主張憲政卽成之論者類皆四體不勤，脫離生產之新士大夫。知識指示吾人：憲政乃市民或工商業者之政治形態。新士大夫雖可用工商業者代言人之資格要求憲政之實施，客觀上雅宜不失其代言人之性質；代言人之言應卽工商業者的心之聲。然近代中國之工商業一面從屬於國內農業，同時從屬於國際資本主義之聯鎖：對內對外均未獲得獨立性。國際資本主義的重壓之解放需要民族獨立，民族鬬爭，全民抗戰；農業的從屬性之擺脫需要以攻爲守，使農業生產徹底商品化，農業直接從屬於民族的工商業，從而要求實施憲政爲之推波助瀾。而中國農業生產的商品化，國際資本主義之魔手曾效啓迪扶助之辛勞；中國農業之合理合目的的商業化，國際資本主義之魔手迄今又故爲梗阻。是則工商業者存心所欲排除之障礙雖有內外二面，若自內外間之關聯言，重心在外而不在內。故抗戰最後勝利之獲得宜爲此際有識的工商業者五腑共鳴，唯一無二之祈望與要求。因此，假使肯定新士大夫要求憲政之吶喊即爲工商業者目前最迫切之要求，未免不符事實與理論。

抗戰爲民族主義之昂揚。民族與民權爲一體之二面。吾人不僅不敢否認抗戰之背影或另一面即爲憲政，且願肯定此即純正學人及其他若干人士主張憲政即成論之合理的客觀根據，更欲預言抗戰勝利之後，工商業者必因對外經濟上不利益地位之消失，殖民地性的有機關係之切斷，突然擡頭猛烈要求憲政之實施，歡欣鼓舞憲政之推行，以扶助其除去本身之農業的從屬性，進而爭取控制農業之地位，以便從心所欲，滿足其農業生產徹底商品化之需要與願望。

惟是，憲政之眞正實現及順利推行，無論何時，決不能置農人於不顧。強有力的憲政維護者之羣衆中亦不能將農人除外。況中國農人在分業比重中占全國人口百分之八十以上；農人爲全國人口之極大多數。就大體言：工商業之社會秩序中，人爲的成分多於自然的成分；農業的社會秩序中，自然的成分多於人爲的成分。自然的秩序簡而樸；人爲的秩序繁而文。簡者易知易守；繁者難懂難遵。工商業社會秩序與農業社會秩序之不相符合，有如憲政與專制政治之相克。憲政體系之內容既爲工商業者之要求及其社會秩序之寫照，則憲政精神與農人精神本質上互相矛盾，無待多言。憲政期成運動家未諗亦曾留意及此否？

姑勿問負責運動諸公已否留意。上述矛盾之解消為眞正憲政之實現及其維護之前提：理論與事實均使吾人毫不猶預肯定其眞理性。吾人非機械論者，自不主張坐待憲政條件成就後，再行實施，而反承認期成之運動，大有益於實施憲政的條件之促成。吾人雖亦深知農人之接受憲政為無可避免之歷史宿命，並知農業失去其對於民族的工商業之自主性，獲得其對於民族工商業的從屬性之際，卽為憲政架設於農業社會上面之合理時期，且願預言：農人基因其農業的自主性之喪失及當然的從屬性之獲得，毫無吝惜拋棄其固有意識，而接受工商業者意識後，必將歌誦憲政之升平及溫文而合理。反對論或懷疑論至是亦必變為贊成論或無疑論。

近年農本局金庫事業之逐漸深入農村，及抗戰之持續二事，對於促使農人與工商業者間的關係之根本倒轉，大有裨益。從而對於農人接受憲政的根本條件之形成具有不可忽視之作用，至為顯明。然憲政期成運動發展之適當，大可縮短農民啓蒙之時間，亦屬無容懷疑之所在。果使憲政期成運動所欲達成之目標為眞正之憲政，吾人不僅懇願期成之宣傳往鄉間去，尤願能將期成運動之中心置於普及國民教育，改善農人生活二點之考慮，及其考慮結果之迅速有效的實施，以增強憲政之眞正基礎。如果期成之運動始終止於用各種各樣方式企圖獲得權力者之同意，始終止於用認識不足，根據薄弱，思維粗糙之理論在都會知識人間宣傳，則憲政實施之日不僅農人不知為何事，卽一般工商業者恐亦不曾深悉其與自身利益之關係，反覺多一投票之麻煩。結果所得不過推翻了國民黨獨占治權的原則和現實。眞正憲政自何處來？憲政之成若果如此容易，則數十年來之憲政失敗史應不存在，中山先生之訓政理論應不產生。

訓政之順利推行困難滋多爲一事。憲政之推行應否具備其所不可缺之條件另爲一事。訓政之無功由於人謀之不臧；憲政須有基礎乃歷史社會之法則。順應法則可以利國福民；因噎廢食唯有戕國賊民。憲政期成運動之內容若在負擔續行訓政應了而未了之使命，實現訓政應達而未達之目的，則歷史曲線或可縮短幾分。國家獲利，萬民蒙庥！

（二十九年一月十五日）

五　抗戰建國與法的現實

「爲建國而抗戰；在抗戰中建國」。此不獨爲今日中國之理想，着手實踐，亦已年餘。抗戰卽建國；建國則不限於抗戰，舉凡經濟、政治、法制以及文化之改革，推進與創造，無不與建國工作密切關聯：非抗戰固不足以言建國，單純軍事抗戰亦難達建國之目的。蓋暴日之侵凌及中國之積弱乃近百年來中國經濟、政治、社會及文化歷史中一切惡因之總結果。對外全面抗戰不外惡果之否定；惡因之肅清必待國內一切之更始與建設。故抗戰與建國乃同一問題之二面，初無輕重先後之分。政府所以一面抗戰，一面建設，其故在此。

在某種意義，中國近百年來之歷史乃一部建設近代的現代的國家之失敗史，亦卽企求獨立平等，憧憬法治之歷史。目前所擬建設之國家類型雖不妨言人人殊，建國工作之重心雖亦不妨見仁見智，然對外須獨立平等，對內須崇尚法治，似不失爲必然之歸趨。若謂對日抗戰之史的意義在其爲過去政策檢討之結果，則法治之推進與建設亦必以歷史現實之反省爲起點。本文之目的卽在將中國法的現實作一簡略之自我批判。

法學爲文化之一部，其質若量均與國家文化水準有關。中國近代法學已有數十年歷史。就其內容與實質言，縱謂中國尙無法學文化，似亦非過當之論。蓋中國法學文化大半爲翻譯文化，移植文化。自然科學可以移植，法學則不可抄襲。法爲國家社會組織之一形式，與本國現實社會有不可分離關係。法學不出於翻譯抄襲之境地是謂法學亡國。所謂法學文化亦卽殖民地文化之別名。今後中國眞正的法學文化之建設，似應以法學之國家的民族的自覺或覺醒爲起點。

中國法學之現實在另一面爲講義文化，教科書文化及解釋法學文化。成文法系國家之法的作業以立法爲起點，繼以解釋整理，體系構成，然後適用於裁判：此乃必經過程。然若在「學」的構成過程中顯示法律哲學與解釋學之不統一或無關係，法的規範與現實生活之不調和，法的理想與法的實踐之分離，法學與其他科學互不相關，甚至法哲學家與解釋家互相獨立，則法哲學成爲不可捉摸之靈魂，解釋學亦成失去靈魂之殭屍。中國法學著作中雖非絕無出類拔萃者，然大半不免上述之缺憾。近來坊間之法學書籍尤多粗製濫造之作。學力水準之向上及治學方法之反省，實爲目前最感迫切之需要。惟此乃就其大者遠者言之。若在求得法學入門知識及初步知識者之觀點，現有之解釋書論種類論量數均極感缺乏。求購一某某法論或某某法原理而不可得乃通常所習見。若干修正未久之新法尤甚。就此點言，現實水準之解釋書目前猶不失其存在意義及發展餘地。

法的知識爲一種技術。技術之修習與傳授端賴法學教育，而優秀師資爲其重要條件。中國之有官公費及自費留學制度已非一日。法學師資亦以留學回國者爲最大來源。全國各校法律學院系本屬屈指可數，而事實上無日不在師資缺乏之中：法哲學尤甚於解釋學；國內法尤甚於國際法；私法尤甚於公法；社會經濟法尤甚於民商法，程序法尤甚於實體法；抗戰發動後尤甚於抗戰前。苟欲推行法治，提高法學水準，師資問題之解決爲其前提條件。

優秀司法官及師資候補者基礎之培養，師資之外尚須學制課程與事實需要相符。數十年來中國大學課程大體上均以自由主義爲指導原理。法學方面司法行政部近來雖有管理規程之訂定，然因種種關係，仍鮮實效。目前情形，綜合大學一年級不分系，法律知識之修習期間事實上縮短一年。卽以管理規程所定必修科目爲標準，已不免感覺時間不夠。況管理規程所示之標準能否達到培養良好基礎之目的？尚多疑問！此點若不重新規畫，法治目的之實現恐如河清之不可期。

法治之確立及推行，教室之功用小於法庭；司法機關之責任大於學校。案件之具體的裁判及執行不唯對於利害關係人有法的實踐之作用，且可使一般社會在實踐中聆受法律教育。故司法機關之健全，設備之完整，司法官之學力與道德，無不與有密切關係。然目前事實與法治必具之最低限度標準相去尙遠，知者咸能道之。至於中央雖以法律高於一切相曉諭，地方仍未肅清命令至上之封建習氣，尤爲目所共睹。法治國家之建設，尙有賴於此點之改進。

立法者，學人，司法官及律師四者各爲整個法的機構之一部，互相關係至爲密切。目前情形縱不認爲四者彼此互相否定，至少亦不易發現其應有之正當關聯：大抵學人之態度原則上漠視法規與社會之關係，非流爲法文及判例至上主義之信徒，卽陷於自我第一之絕境；立法者作成法規之際，立法例之誘惑力似大於現實之刺激；司法官之能事不過一架適用三段論法之機械，理想與現實之調和，法規與生活之關係，正義與功利之權衡，均非所問；至於律師則以職業意識爲一切行動之指導原理，社會國家之正義及利益，唯在不影響個人利益範圍內有其存在餘地：於是同以中國社會爲內容之法，法的認識及其實踐，自不免彼此逕庭。法之爲法失其固有意義，甚至喪失其存在。法治之樹立似應以此點之革新爲根據。

（二十七年十二月十一日雲南日報星期論文）

六　中國舊法制之合理的認識

這是鐵一般的事實：中國歷代的法制都是儒家思想的表現；是各該時代政治政策的產物；是適應各該時代社會實際的法律；大體上也是支配各該時代的國家規範。一個現實支配社會的法制，一面代表政治，同時表現思想，並且適合社會。這是明白指亦我們：思想、政治、法律和社會四者間具有某種同一性。

法制和政治、社會、思想間的同一性是社會構成的合法則性之現實的形態；是法律的科學性和哲學性之所在；也是法律之科學的認識和哲學的認識之出發點和歸宿點。不過，認識之科學性和哲學性是一體之二面：非科學的哲學考察所得的結論不是眞理；非哲學的科學研究收獲的成果也不是眞理。結論的眞理性之獲得需要哲學和科學打成一片。因爲只有哲學和科學打成一片的認識纔是對象內在的法則之適應的反映或模寫。

中國舊法制之科學的認識，陳顧遠氏所著中國法制史一書的成就是相當值得注目的——雖然陳氏並沒有自認是科學的研究。在個人狹隘的視野內，中國舊法制之哲學的考察，似乎還只有吳經熊博士所著法律哲學研究一書中的中國舊法制哲學的基礎一文。二著大體共同的一點是：認爲舊法制是儒家思想的產物；換句話說，儒家思想是中國舊法制產生並維持的原因。

從舊法制和儒家思想的關聯觀察：儒家思想是原因，舊法制是結果：這是毫無疑問的。不過，接着要問的是：(一)儒家思想是否唯一的原因？(二)假使不是唯一的原因，此外的原因是什麼？各原因相互間之關係又怎樣？(三)儒家思想何以會成爲舊法制形成並維持的原因？這一連串問題若不同時解答，「儒家思想是原因，舊法制是結果」這個判斷的眞理性便沒有了邊際，便成了非眞理。

陳氏的著作和這問題直接有關的地方是所謂中國法制之質的問題部分。陳氏成功了的是分析法；失敗了的也是分析法。因爲感性的經驗很豐富，所以分析法應用的結果達到了相當成功的地步。因爲沒有一個明確的法律觀作分析的根據或出發點，所以毫無補於中國舊法制的本質之認識。雖說他在儒家思想之外還指出了家族制度和階級問題。可是家族制度和階級只是中國舊法制內容的基本原則之一——最多也只是中間的根據之一部分，決不是整個的最後的根據。在陳氏著作中所提示的範圍內，不問陳氏是意識的或無意識的，客觀上不能不肯定他只把儒家思想作了唯一的根據。

吳博士把天人交感的宇宙觀，道德化的法律思想，和息事寧人的人生觀三件事作中國舊法制的哲學基礎，而沒有指出三個基礎間的相互關係和各自地位。表面看來，不問是意識的或無意識的，似乎算是推翻了陳氏之儒家思想一元的原因觀。其實天人交感的宇宙觀和息事寧人的人生觀都是後世儒家思想的一部分。舊道德的指導原理是儒家思想。因此，所謂道德化的法律思想和儒家的法律思想一語是異語同義的。這樣說來，吳氏所謂三大基礎只是一個儒家思想，只是一個基礎。從而陳、吳二氏的主張形異而實同，似乎很顯明；陳氏的缺點同時也是吳博士的短處——中國舊法制的本質吳博士的文章中，也沒有把握住。

單把儒家思想作舊法制的原因，這種儒家思想的本質似乎不相稱。因爲後世儒家思想的根底是天地五行，是太極、兩儀、四象、八卦、是順天而行，是認春夏行刑爲助陰抑陽……。所謂五行本質上都是物質。所謂天就是法則。四季是自然法則，也是農業社會的生產法則，更用不着說。太極、兩儀、四象、八卦之說的骨幹是矛盾之對立，對立之統一，對立物的質量之變化或運動。春夏不行刑以助陽抑陰的主張，一面和農事季節有關，同時有使風調雨順，保障豐收之目的。這種主張雖和迷信互相結合着，本質上顯然承認：人類的行動對於法則現實化之積極性。我們把這些事實綜合起來，覺得儒家思想的本質似乎是形而下的，不是形而上的。這種形而下的思想就是吳博士所謂天人交感的宇宙觀，也是合理的法律觀之一般的形態。這種宇宙觀和法律觀，若和陳、吳二氏把思想作原因，把法制作結果，本質上屬於形而上的見解相對比，豈不是根本上互相矛盾麽？

我們肯定：中國舊法制之形成並維持，儒家思想之外還有原因。其中的一個是皇帝的接受和支持。這是很明白的：儒家思想變成法制，必須經過各該時代的皇帝之個別的或概括的許可；儒家任何良好的建議或主張，不經皇帝許可，決不能成爲法制或據以變更法制。這又是大家多半忽略了的：經皇帝批准，頒行天下，作爲定制之後的儒家建議或主張，已經不是單純的儒家建議或主張。從性質看：單純的儒家建議只是一種意思或意識，並沒有規範性；把儒家的主張作內容的法制卻是具有實踐性的國家規範。從因素看：法制是皇帝權力和儒家意思的結合體，也是變了質的儒家思想。再從另一面看：儒家的見解和主張雖可成爲舊法制形成並維持的一個因素；法制的因素中卻不一定都有儒家的主張。事實是：皇帝的主張之爲儒家所不贊成的，可隨皇帝之所欲成爲國家規範。這顯然表示：儒家的思想只在和皇帝的見解相同的前提下，始可成爲法制。

包含了儒家主張的法制也罷，沒有包含儒家主張的法制也罷，在皇帝或儒家自己純客觀的觀點，或在皇帝和儒家以外的第三立場，都可對特定法制作一種是非善惡的價值判斷。這種判斷必有一個標準。這個標準固然可以各人不同；可是根據任意的恣意的標準所判斷的是非善惡，不一定是客觀上的眞善或眞惡。只有根據客觀標準的善惡之判斷方是客觀上的眞善或眞惡。這個客觀標準是什麼？它是科學上所謂法則，是法哲學上所謂理想法或自然法（但不是梅汝璈氏心目中之所謂禮），是儒家之所謂天或天道，是人關於天之所感，也是吳博士所謂天人交感的宇宙觀。究極說來，就是人類所認識了的自然和社會歷史的法則或秩序。儒家主張順天或則天，認爲春夏不應行刑，都是把這個客觀法則或秩序作標準，來判斷法制善惡的表現和實例。

這個判斷善惡的標準是中國舊法制形成並維持的第三個因素。法律的善惡之判斷既據這個因素作標準，都麼，適合這個標準的是良法，不適合這個標準的是惡法，自屬必然的結論。惡法常常被人認爲不是法。這不是說惡法沒有規範性或效力，而是說惡法少了一個法律所必不可缺的因素。儒家思想並不是舊法制必要的因素。這是從儒家所反對的皇帝的主張也可成爲法制的事實中完全暴露出來了的眞理。皇帝的主張雖不失爲賦與規範性與否的決定力，可是已經有了規範性的法制仍不失爲善惡判斷之一對象。換句話說，有了規範性的法律不一定就是好法律。這樣看來，這第三個因素不僅是舊法制形成並維持上必不可缺的因素，並且是決定的因素。換句話說，這個因素纔是舊法制的內容，本質或根據。

舊法制之形成並維持是把客觀現實——自然或社會自身的法則或秩序作根據，把皇帝的意思和儒家的主張作條件的。根據和條件互相同一是法制產生並維持的基礎，也是法制獲得優法良法的評價之條件。

客觀現實，皇帝的意思和儒家主張三者的同一是偶然的？還是必然的？還是一個不可不解答的疑問。從本質看：儒家思想是社會意識；皇帝的見解是政治政策，也是社會意識；客觀現實是客觀獨立表現着的自然和社會的法則或秩序，也是人類對於這種法則或秩序之認識。假使把意識、思維或精神當作第一次的事物，似乎不能不承認三者的同一是偶然的——甚或竟是偶然到了神祕不可思議的事情。假使採取相反的見解，那就不能不承認三者的同一是必然的——並且這種必然性就是認識之合法則性的表現。因爲在三者同一的時候，儒家的認識決不是恣意的荒誕：他的見解就是客觀現實的反映；他的主張是把客觀現實作背景的。皇帝的同意也決不僅是單純的感情衝動；他的心目中是充滿了客觀現實的。特定時空的客觀現實只有一個。既然大家的意見或主張都把客觀現實作根據，結果勢必趨於內容的同一。在這同一的前提下產生出來的法制，大體上必然和客觀現實互相適應或同一。中國歷代法制一面表現儒家和皇帝的思想見解，同時和社會現實相適合的事實，不僅都是同一必然性的主張之證據，並且從反面指示了我們：同一之偶然性的認識非眞理。

陳、吳二氏都沒有告訴我們：爲什麽儒家思想能夠支配歷代舊法制？我們不僅認爲儒家思想是中國歷代法制形成並維持的一個因素，且並覺得儒家思想所以常能保持當作一個因素的地位，發揮當作一個因素的機能，由於儒家思想就是各該時代客觀現實的反映，農業社會內在法則的模寫。在法學自我的觀點，我以爲法制史和法律思想史上的儒家不是什麽儒家，簡直就是一種法家和法律家。明確些說，儒家就是中國社會歷史農業階段中的法律家和法學家。儒家引用經義補充法文的欠缺，作爲決獄的標準—（八）—所謂引經決獄的辦法和判斷結果的正確性，就是用現代法學的眼光看，論理論技術也都是很有價值的所在，充分値得讚嘆和頌揚。只有法學門外漢著的法律思想史中纔敢把這事看的不値半文錢。若把引經決獄所生的流弊常作它自身的缺點，尤其不是公道的主張。

儒家思想的骨幹是有義務而無權利，有家而無個人，徹底干涉而無自由，有差別而無平等，重讓而非爭……。這些原理浸入道德思想便成爲差別的倫理觀，構成實踐道德便成了不平等的舊道德；表現於法律思想形成和君主專制及農業社會需要相適合的王道主義，禮治主義、德治主義，差別的責任等原則；應用於法律便成了中國的舊法制。倫理觀，實踐道德，法律思想和舊法制四個範疇，對於儒家思想的骨幹，只是分道揚鑣的一源之四流。我們不可因爲儒家思想充分表現於倫理觀，便認爲儒家思想只是道德思想的別名：也不可因爲儒家自己注重實踐道德，便認爲儒家只是道德家，無意中埋沒了儒家之法律家的身分。我們固然用不着作一種繞圈子的看法，把「出於禮者入於刑」這句話加以引伸，認爲舊道德思想是法律化的道德思想，舊道德是法律化的道德。反過來，認爲儒家的法家思想是一種道德化的法律思想，舊法制是道德化的法制，尤其是一種倒果爲因，繞倒圈子的謬誤認識。

任何事物都有時間性和空間性。超越了時空來說話：假使認爲現代的法儒家是好法律家，那麼儒家也是很好的法律家；反過來，若說儒家是要不得的法律家，那麼現代的法律家也是最壞不過的。同樣的道理：從好的方面看，中國的舊法制和新法制同一是最好的法制；由壞的方面說，同一是最壞的法律。假使有人感覺這話是胡說。我的答覆是：抽去時空性的作風根本是胡鬧。抽去了時空性來談是非善惡，本質上是一件絕不可能的事體——唯一可能的就是胡說。中國舊法制和西洋近代現代法制的差別不是「東」和「西」的不同——東和西的不同是地理，不是法律——，而是中世社會和近代社會現代社會的差異，是農村法農人法和都會法商工人法的懸殊。任何人懷疑中國的舊法制都等於近代人現代人懷疑西洋中世的法制，等於站在都會法工商人法之立場懷疑農人法農村法。抽去了時空性，把中國舊法制和西洋近代的現代的法制平列了來懷疑，或對這種懷疑作解答，所討論的對象它本身早已成了一個殘缺而且變了質的東西，研究所得的結論自然決不會保有一絲一毫的眞理性。

（二十九年九月十五日）